Kochen macht glücklich

Die große Küche des
Hans-Paul Steiner

Photographiert von
Achim Käflein

HamppVerlag

Inhalt

Vorwort

Die Küche war sicherlich der wichtigste Ort in meinem Elternhaus. Dort wurde nicht nur gekocht und gebacken, das ganze Familienleben fand in der Küche statt. Wochentags wurde dort zu Mittag und zu Abend gegessen; anschließend saß man noch zusammen, um zu reden oder Karten zu spielen. Zu trinken gab es schwäbischen Apfelmost, für Kinder natürlich mit Wasser verdünnt.

Am Wochenende, wenn man etwas länger sitzen bleiben konnte, gab es zu später Stunde meist noch „Peitschenstecken“: dünne Hartwürste aus Ziegen- und Schweinefleisch, von meinem Vater selbst hergestellt. Sie schmeckten wunderbar! Allein der Gedanke daran lässt mir noch heute das Wasser im Munde zusammenlaufen.

An solchen Abenden wurden natürlich viele Geschichten erzählt, so z. B. über die Armut während des Rübenwinters (1923). Aber man sprach auch über gute Zeiten und freute sich darüber, wie gut man heute – in den fünfziger Jahren – lebte.

Gut leben! Das war wohl der eigentliche Grund, warum ich mich fürs Kochen interessierte. Denn zu einem guten Leben gehörte für mich vor allem auch gutes Essen – und das wollte ich schon als kleiner Junge. Für gutes Essen zu Hause sorgte meine Mutter. Mit viel Liebe und Geschmack bereitete sie die Gerichte zu. Suppen, Salate, Gemüse, Rinderschmorbraten, Kaninchen, Süßspeisen, Schmalzgebackenes und viele Leckereien mehr standen bei ihr auf dem Speisezettel.

Diese Gerichte trugen dazu bei, meinen Gaumen bereits in frühester Kindheit zu schulen und mein Interesse am Kochen zu wecken.
Wann immer es die Zeit erlaubte – und als kleiner Junge mit fünf oder sechs Jahren hat man davon bekanntlich wenig –, verbrachte ich den Vormittag in der Küche, um meiner Mutter beim Kochen zuzuschauen (und zu naschen!).
Sie bemerkte wohl mein Interesse und erklärte mir eines Tages die Zubereitung einer klaren Brühe mit Suppengrün aus dem Garten. Ein einfaches Rezept für Butterklößchen kam hinzu und schon konnte ich eine wunderbare Sonntagssuppe kochen.

Es folgten Rezepte für Rinderschmorbraten, Spätzle und Kartoffelsalat. Begabt muss ich damals gewesen sein, denn schon bald hieß es sonntags immer: Willst du in die Kirche, willst du Schuhe putzen oder willst du für die Familie kochen?

Die Wahl fiel mir leicht: Ich kochte! Und dies nun schon, wenn ich diese kindlichen Gehversuche mitrechne, über 50 Jahre.
50 Jahre Glück in der Küche, denn kochen macht glücklich.

Kochen ohne Grenzen

Das Jahr, in dem ich geboren wurde, war sicherlich keine Zeit für Feinschmecker: 1942 wütete der Krieg in Europa und Essen war knapp. Meine Mutter hielt uns beide – meine Schwester und mich – mit Lohnnähen für Bäuerinnen über Wasser. Diese erhielten im Tausch gegen zwei Eier, ein halbes Brot oder andere Naturalien von den Städtern damals die besten Stoffe. War ein Kleidungsstück fertig genäht, wurden meine sechs Jahre ältere Schwester und ich losgeschickt, es der jeweiligen Bäuerin zu bringen. Wir taten das gerne, denn dafür gab es zusätzlich zum Lohn, der aus einem Pfund Mehl, fünf Eiern und manchmal einem Stück Butter oder Schmalz bestand, noch ein extra Butterbrot für uns Kinder. Diese Erlebnisse waren wohl auch ein Grund, warum ich nach der Realschule Koch geworden bin. Gutes Essen spielte in meinem Leben immer die Hauptrolle.

1959 begann meine Lehre im Schwarzwald im damals renommierten „Hotel-Restaurant Ratskeller“ in Freudenstadt, bei Küchenmeister Ernst Kerschbaumer, der übrigens noch bei August Escoffier in London gearbeitet hatte. Sein ganzer Stolz war eine Ausgabe des „Kochkunstführers“ von Escoffier mit einer persönlichen Widmung.
Natürlich war Escoffiers Küche 1959 nicht gefragt. Die Leute wollten sich, so kurz nach dem Kriege – er war erst 14 Jahre zuvor zu Ende gegangen – einfach nur satt essen. Das heißt nicht, dass das, was wir kochten, nicht gut war; aber es war ohne „Schnick-Schnack“, keine großen Kreationen.

Ich erlernte hier eine gute bodenständige, nach klassischen Regeln aufgebaute Kochkunst. Allerdings befriedigte mich das nicht sonderlich.
Als ich eines Tages per Anhalter nach Straßburg fuhr und dort die Auslagen der Feinkostläden sah, wusste ich: Das ist es. Diese Produkte sind deine Welt. Doch bis dahin sollte es noch ein weiter Weg sein.
Die erste Commisstelle nach meiner Lehre war auf der Insel Mainau am Bodensee. Das Restaurant war für die damalige Zeit ein Massenbetrieb, aber ich hatte Gelegenheit, ab und zu in der Schlossküche des Grafen Bernadotte auszuhelfen. Das machte sehr viel Spaß. Es gab neue unbekannte Produkte zu sehen, zu verarbeiten und zu schmecken.

Die nahe Schweiz war verlockend. An den freien Tagen fuhr man nach Kreuzlingen oder nach St. Gallen, auch nach Zürich und Luzern. Man probierte da und dort. Aber die Zeit war noch nicht reif für den Entschluss, ins Ausland zu gehen.

Nach der Sommersaison auf der Insel Mainau beschloss ich, meine Kenntnisse auf dem Gebiet der Konditorei zu erweitern. So nahm ich eine Stelle als Konditorvolontär im Hause „Café Sommer" in Stuttgart an.
Die Vorweihnachtszeit in der Konditorei war dann hauptsächlich mit Confiserie, d. h. mit der Herstellung von Pralinen ausgefüllt. Tag für Tag Schokolade, Marzipan, Nougat!
Abends um halb neun, als wir Feierabend hatten, rannte ich so schnell ich konnte zum Hauptbahnhof und bestellte mir in einer der Bahnhofsgaststätten einen Teller saure Kutteln. Das war der Kontrast, den ich brauchte.

Ich blieb nicht lange in Stuttgart. Es folgte noch eine Saison auf der Insel Mainau, aber ich wollte raus aus dem Gewöhnlichen und so entschloss ich mich, es mit einer Bewerbung in der Schweiz zu versuchen.
Die internationale Arbeitsvermittlung in Frankfurt schrieb mir, dass eine Stelle im „Hotel Beau Sejour" in Château d'Oex frei wäre und ich mich dort Mitte Dezember melden sollte.
Und so fuhr ich eines Tages nach Château d'Oex. Eine Tagesreise! Von Stuttgart nach Karlsruhe. Dort umsteigen nach Basel, in Basel umsteigen nach Lausanne, von dort nach Montreux und weiter mit der MOB Privatbahn „Montreux Oberland Bernois".
Es war Nacht, als ich ankam. Die Menschen dort sprachen Französisch, was mir nicht unangenehm war – aber ich konnte ja kein Wort verstehen. Was machst du bloß in einem Land, in dem du die Sprache nicht verstehst? Langsam quälten mich auch Hunger und Durst.
Am Bahnhof Château d'Oex blies mir ein kalter Schneewind ins Gesicht. Dies trug nicht gerade dazu bei, meine Stimmung zu heben. Etwas niedergeschlagen blickte ich mich auf dem menschenleeren Bahnsteig um. In einiger Entfernung sah ich die Leuchtreklame des „Hotel Beau Sejour". Mit meinem schweren Koffer stapfte ich durch den Schnee zum Hotel und meldete mich an der Rezeption: „Ich bin der Koch aus Deutsch-

land, den Sie über das Internationale Arbeitsamt Frankfurt angefordert haben." Erstmal Pause. Ich wiederholte meine Anmeldung.
„Ja, einen Moment bitte. Da muss isch den Patron 'olen."
Der Patron kam und musterte mich auf unangenehme Weise von oben bis unten.
Ich hatte meine beste Kleidung an und beim Friseur war ich auch gewesen. Nach einer Weile sagte er etwas barsch zu mir: „Wir haben niemanden angefordert, wir brauchen keinen Koch!"
Am liebsten hätte ich geheult. Wahrscheinlich hatte ich auch Tränen in den Augen, denn nun sagte er: „Na ja, geh' erstmal in die Küche. Da kannst du etwas essen und bis morgen früh kannst du auch eines der Personalzimmer haben."

In der Küche empfing mich ein freundlicher, älterer Herr in Kochkleidung. Das war der Küchenchef. Er war als Einziger noch da. In seinem gebrochenen Schweizerdeutsch mit französischem Akzent wies er mir einen Platz an einem großen Esstisch an und fragte mich aus. Ich glaube, ich gefiel ihm. Er brachte mir „une assiette anglaise" – kaltes Roastbeef mit Sauce Remoulade – und eine große Portion Pommes frites. Während wir uns unterhielten, dachte ich über meine Situation nach: kein Job, nicht genug Geld für die Rückfahrt. Was sollte ich bloß tun? Die Müdigkeit übermannte mich fast, als der Küchenchef jemanden anwies, mir mein Quartier zu zeigen. Obwohl ich erschöpft war, konnte ich nur schlecht einschlafen. Meine Existenznot beschäftigte mich noch lange.

Nach einer von Alpträumen bestimmten Nacht ging ich am Morgen daran, meine Sachen zusammenzupacken. Als ich mich an der Rezeption für das Abendessen und das Quartier bedanken wollte, nahm der Patron dort gerade ein opulentes Frühstück zu sich.
„Ah, voilà, l'Allemand", sprach er mich an. „Ich habe mir die Sache überlegt. Wenn du willst, kannst du bleiben. Commis de Cuisine für 370 Franken im Monat netto, Kost und Logis frei."
Eine ganze Geröllhalde fiel mir vom Herzen. Am liebsten hätte ich ihn umarmt.

„Also, geh' zurück in dein Zimmer und zieh dich um. Melde dich dann beim Chef."
Jetzt war die Welt wieder in Ordnung.
In Château d'Oex gab es vieles, was ich in Deutschland noch nie gesehen hatte: Frische Froschschenkel, Lammkotelettes, Langustinen, für mich damals noch exotische Gemüse wie Fenchel, Chicorée, Radicchio. Mit dem Küchenchef Armand Saugy, der mit seinen 60/70 Jahren nicht mehr so arbeiten konnte, wie er gerne wollte, verband mich bald ein herzliches Verhältnis. Er übertrug mir viele diffizile Arbeiten und förderte dadurch meinen Ehrgeiz.

Es war damals üblich, ein Engagement immer nur für eine Saison zu erhalten. Und so musste man sich rechtzeitig um die nächste Arbeitsstelle kümmern.
Ich wollte jetzt mal etwas mehr Geld verdienen und so verdingte ich mich als „Chef rotisseur" bei der Expo Nationale Suisse, die 1964 in Lausanne stattfand. Im Pavillon Zurichois stand ich 18 Stunden an sechs Tagen der Woche am Grill und bereitete Steaks, Beinschinken am Spieß und Tausende von Poulets zu. Der Beruf litt, aber die „Kohle" stimmte und es sollte ja nur ein kurzes Intermezzo bleiben.

Im Oktober ging ich dann nach Basel ins „Hotel Metropol" am Barfüßer Platz. Hier konnte ich all meine Kenntnisse, die ich in der Lehre, in der Konditorei, auf der Mainau, im Château d'Oex und im Pavillon Zurichoise erworben hatte, anwenden.
Als der Küchenchef Urlaub machte, übernahm ich die Vertretung – eine große Herausforderung. Nach 14 Tagen bot mir der Patron die Stelle des Küchenchefs an.
„Seien Sie mir nicht böse", sagte ich „aber dafür bin ich noch zu jung. Ich möchte im Frühjahr erstmal nach London gehen."
Die Enttäuschung des Patron war groß, aber er hatte Verständnis für meine Entscheidung.
Und so kam ich im Frühjahr 1965 in das Hilton-Hotel nach London.

Mit sechs Jahren Schulenglisch wird es schon keine Sprachprobleme geben – dachte ich. Aber ich verstand kein Wort.
Im Hotel wurde ich an der Rezeption empfangen und ein junger Mann brachte mich in die Küche, ins Office des Executif-Chefs Guiseppe Bazzani, einem Schweizer mit deutscher Muttersprache. In der riesigen „Mainkitchen" war Deutsch die Umgangssprache: ein Saucier war aus Berlin, ein Entremetier aus Düsseldorf, der zweite Souschef aus Zürich, der Garde-manger aus Bern und der erste Souschef stammte aus Frankfurt.

In dieser Küche gab es nun endlich die Produkte, die ich während meiner Lehrzeit schon im Schaufenster der Straßburger Feinkostgeschäfte betrachtet hatte: Hummer, Langusten, Austern, Jakobsmuscheln, Lachs, Steinbutt, Kaviar, Trüffel – alles war im Überfluss vorhanden. Hier konnte man etwas lernen. Und das tat ich auch. Zudem besuchte ich in meiner Freizeit ein College, um richtig Englisch zu lernen. Es ist nicht alles Gold, was glänzt. Auch nicht im „Hilton" in London. Obwohl in beruflicher Hinsicht alles stimmte, war doch das Leben unendlich hart. Bei einem Verdienst von 9 Pfund die Woche – das waren damals etwa 99 Mark – konnte man nun wirklich keine großen Sprünge machen; zumal das Logieren in einem möblierten Zimmer (Gloucester Street) bereits die Hälfte des Einkommens verschlang. Dazu kam noch die Heizung, die mit Hilfe eines Automaten betätigt wurde. Man warf einen Shilling in den schwarzen Kasten, der neben dem offenen Kamin angebracht war und so konnte man sich an dem umgebauten Gasofen abwechselnd für zirka eine halbe Stunde am Feuer den Rücken oder den Bauch wärmen. Kaltes Wasser gab es umsonst, aber auch eine halbe Wanne voll warmes Wasser kostete 1 Shilling. Ein Glück, dass man in den Umkleideräumen des Hotels täglich kostenlos duschen konnte.

Der wöchentliche Lohn musste genau eingeteilt werden. Zudem legte ich immer einen kleinen Teil für die Rückfahrkarte auf die Seite, denn ich wollte den Rest meines Lebens keinesfalls in „Merry Old England" verbringen.
In England wurde jedoch mein Interesse an Kunst geweckt.

Der Besuch von Museen war gratis und so verbrachte ich oft den freien Tag in den überaus reichen Kunstsammlungen Londons. Mit der Zeit entwickelte ich auch Vorlieben. Die Tate-Galerie, nur ungefähr zehn bis fünfzehn Minuten zu Fuß von meinem „Zuhause" entfernt, schätzte ich besonders. Oft verbrachte ich ganze freie Tage vor Bildern von Turner, was mir sehr viel Freude machte und meinen Sinn für das Besondere schulte.

Dennoch verlor London nach einiger Zeit seinen Reiz für mich und ich träumte davon, nach Paris zu gehen.
Im Winter 1966 begann ich konkret zu planen. Zunächst lenkten mich meine Schritte zur französischen Botschaft. Dort erkundigte ich mich nach guten Häusern, und es gab viele ausgezeichnete Adressen: „George V.", „Lotti", „Ritz", „Lancaster" etc.

Ich schickte meine Bewerbungen los. Einmal, zweimal, dreimal. Endlich kam eine Antwort vom „Hotel Lancaster" – eine Spitzenadresse im 8. Arrondissement. Leider wurde mir nur eine Stelle als Stagiaire (Praktikant) angeboten, mit einem Lohn von 470 Francs im Monat (ohne Logis).
Das war bitter für einen Mann mit 24 Jahren, der bereits Chef de partie war und schon einiges gesehen hatte. Aber was blieb mir anderes übrig, wenn ich nach Paris wollte, der Stadt meiner kulinarischen Träume.
Also sagte ich zu.

Am 1. April 1966 reiste ich nach Paris. Und da stand ich nun am Gare de l'Est mit meinem großen, schweren Koffer. Mit dem wenigen Geld, das ich noch hatte, nahm ich mir ein Taxi zum „Hotel Lancaster". Als ich mein Ziel nannte, sah mich der Taxichauffeur etwas verwundert an, als wollte er sagen: Na, junger Mann, ist das nicht eine Nummer zu groß für dich? Da ich außer küchenfachlichen Ausdrücken kein Wort Französisch sprach, versuchte ich ihm mit Händen und Füßen und einigen deutschen Wörtern zu erklären, dass ich Koch bin und dort arbeiten wollte. Nun betrachtete er mich plötzlich sehr wohlwollend und als ich

ausstieg, löschte er sein Taxameter und verlangte nur 5 Francs. Dies war meine erste Begegnung mit Franzosen, die mich sofort für das Land und die Menschen einnahm.

Das „Lancaster“ sah von außen eher bescheiden aus. Nur eine Messingtafel neben dem Eingang deutete darauf hin, dass dies ein Hotel war. Im Inneren war es allerdings sehr luxuriös, sodass ich mir mit Jeans und Pullover doch recht ärmlich vorkam.

Von der Rezeption aus wurde ich in die Küche zum Küchenchef geleitet. „Ah, du bis der neue Stagiaire“, begrüßte er mich in gebrochenem Deutsch. „Du hast sicherlich Hunger und Durst. Setz' dich erstmal.“ Und sogleich bestellte er mir ein köstliches Mahl. Als ich mich gestärkt hatte, fragte ich ihn, wo ich wohnen könnte. „Nun, darum musst du dich selbst kümmern“, war die Antwort, „da können wir dir nicht helfen. Aber Rue Lafayette im 10. Arrondissement, Richtung Gare de l'Est, ist eine preiswerte Wohngegend. Dort kannst du es mal versuchen!“

In der Rue Lafayette fand ich zunächst nur Büros und Hotels. Da konnte ich nicht fragen. Also bog ich in eine der Seitenstraßen ab und fand mich in der Rue Faubourg Montmartre. Ein bescheidener Hoteleingang weckte meine Aufmerksamkeit. Ich musste jetzt einfach für die nächsten Tage ein Dach über dem Kopf haben, damit ich mich dann in Ruhe um eine feste Bleibe kümmern konnte.

Als ich eintrat, roch es nach Zigarettenrauch und billigem Parfüm. An der Rezeption saß eine recht auffällig zurechtgemachte „Dame“, die mich gleich auf Deutsch ansprach. Offensichtlich sah man mir den „Germanen“ an. „Na, junger Mann, kommst du ohne Mädchen?“ Ich erklärte der Dame, dass ich eigentlich nicht das suchte, was sie meinte, sondern einfach ein Zimmer, das möglichst wenig kosten sollte. Madame musterte mich lange, bevor sie mir antwortete. „Ich glaube, das ist dein Glückstag. Ich habe im 6. Stock noch ein Chambre de Bonne für 15 Francs pro Nacht. Das könnte ich dir für ein paar Tage überlassen.“

Mein Glücksgefühl hielt sich in Grenzen, doch angesichts des späten Nachmittags und der geringen Chancen, noch etwas anderes oder gar besseres zu finden, sagte ich zu.

„Also du bezahlst mir drei Tage im Voraus und dann sehen wir weiter", sagte sie. „Hausschlüssel brauchst du keinen. Bei uns ist Tag und Nacht Betrieb und du kannst kommen und gehen, wann du willst". Ein Stundenhotel – das war etwas Neues für mich.
Nach ein paar Tagen im „Hotel du Bonheur" erzählte mir ein deutscher Arbeitskollege, dass er Paris verlassen würde und ich sein Zimmer, das 150 Francs im Monat kostete, haben könnte.

„Wenn du willst, mache ich dich mit dem Besitzer bekannt." Das war wirklich Glück. Der Besitzer überließ mir das Zimmer und so zog ich nach einer Woche im „Paradies" in meine „eigene Bleibe".

Da es mit meinem Französisch nicht weit her war, besuchte ich die Alliance Française, eine staatliche Sprachschule für Ausländer.

Mein Chef gab mir die Möglichkeit, den Frühdienst zu übernehmen, sodass ich von 19.00 - 21.00 Uhr in die Schule gehen konnte. Nach sechs Monaten intensiven Lernens sprach ich fließend Französisch, wenn auch mit geringem Wortschatz.

Mein Chef bot mir nun die Stelle des Chef Garde-manger an. Nicht mehr Stagiaire zu sein, war ein wichtiger beruflicher Fortschritt.
Gekocht wurde im „Hotel Lancaster" nach ganz klassischen Regeln. Auguste Escoffier galt als die „heilige Schrift".

Nachdem nun die Ebbe in der Kasse nicht mehr ganz so groß war, ging ich gelegentlich auch abends aus – wenn auch bescheiden.
Eines Abends verliebte ich mich im Bistro meines Quartiers Hals über Kopf.
Claude war in der Modebranche tätig – „pret à porter", wie sie mir erklärte. Sie besuchte die Abendschule für ein Kadertraining und lebte wie ich sehr bescheiden.
Wir durchstreiften nach der Arbeit des nachts halb Paris zu Fuß. Nach kurzer Freundschaft machte ich Claude einen Heiratsantrag.
„Du bist verrückt", meinte sie. „Na ja, nach dir, das muss ich zugeben." Und so wurde nach drei Monaten mit Freunden Verlobung gefeiert in meinem 6 qm großen Chambre de Bonne – mit einem großen Menü und Champagner.

Im Frühjahr haben wir dann in Paris geheiratet.
Wie würden wir unser Leben nun einrichten? In einem Chambre de Bonne über den Dächern von Paris? Das war zu sehr „à la Bohème". Wir beschlossen, in die Schweiz zu gehen, nach Passugg.
Claude hängte ihren Modejob an den Nagel und machte im Kurhaus in Passugg ein Gastronomie-Praktikum. Ich war Chef Saucier – Souschef. Nach einer kurzen Sommersaison erhielten wir das Angebot, mit dem Patron vom Kurhaus über die Wintersaison nach St. Moritz zu gehen.
Aber das reizte uns nicht so sehr. „Weißt du", sagte ich „warum versuchen wir es nicht mit der Selbstständigkeit?"
Das war die schlechteste Entscheidung in unserem Leben.

Wir pachteten ein Restaurant im Stuttgarter Stadtteil Bad Cannstatt und waren voller Elan und Optimismus. Alles, was ich in den besten Häusern gelernt hatte, wollte ich den Stuttgartern zeigen.
Aber die Stuttgarter wollten das gar nicht. Kalbsbraten mit Rahmsauce und Spätzle war der „Renner". Auf den meisten anderen Gerichten, die ich auf der Karte hatte, wie Poularde in Riesling, pochierter Steinbutt mit Hummer oder Austern, um nur ein paar Dinge zu nennen, blieben wir sitzen. Wir verloren die Lust und wir verloren Geld.
1970 gaben wir den Traum von der Selbstständigkeit auf.

Ich wollte es nun als Küchenchef versuchen. In der „Traube" in Stuttgart-Plieningen war dieser Posten gerade vakant. Wir bewarben uns beide – meine Frau als Serviererin und ich als Küchenchef.
Die „Traube" in Plieningen war damals so etwas wie die „gute Stube" von Stuttgart. Hier gab es ein Publikum, das grundsätzlich aufgeschlossen war für neue Geschmacksnuancen.

Neben Schlachtplatte mit Blut- und Leberwurst, Maultaschen und Spanferkel konnte man hier ein bisschen „gastronomische Kultur" pflegen. Ich kochte mir die Seele aus dem Leib und dennoch war der Erfolg, gemessen an der Anstrengung, eher bescheiden.

Nach fünf Jahren in der „Traube" versuchte ich mein Glück im „Hotel am Schlossgarten". Aber der Patron war ein so genannter „Rotstiftpatron", der alles, was Geld kostete, einfach von der Karte strich. Auch das war nicht meine Welt.

Aber was sollte ich machen? Wir waren seit 1971 eine dreiköpfige Familie. Unsere Tochter Douce nahm uns voll in Anspruch und ein allzu großer Umzug war einfach nicht möglich.

Glücklicherweise hatte ich inzwischen in Stuttgart bereits einen Namen als Koch. So bekam ich 1976 das Angebot, im „Schlosshotel Solitude" als Küchenchef zu arbeiten, um der Besitzerin aus den roten Zahlen zu helfen. Da wir längst wieder mit der Selbstständigkeit liebäugelten, nahm ich an. Das war die Möglichkeit, zu beweisen, dass ich auch ein Geschäft führen konnte.

Nach vier erfolgreichen Jahren „Solitude" suchten wir per Zeitungsannonce nach einem kleinen Hotel.

Auch aus Sulzburg im Badischen kam ein Brief. Wir beschlossen, es uns anzusehen.

An einem wunderschönen Sonntagnachmittag im Oktober 1979 kamen wir zum ersten Mal nach Sulzburg. Dieses kleine Markgräfler Städtchen, ehemals Sommerresidenz der Markgrafen von Baden, nahm uns mit seinem unvergleichlichen Charme gefangen.

Wir fühlten uns sofort zu Hause, als wir durch das alte Stadttor fuhren. Die wunderschönen alten Häuser, mit Geranien geschmückt, das Rathaus in der Mitte des Ortes, der alte Stadtbrunnen, den man damals noch plätschern hörte, da sich der Straßenverkehr in Grenzen hielt, die alte Stadtkirche (heute Landesbergbaumuseum), die Katharina Barbara Apotheke, die 1000 Jahre alte Klosterkirche – das alles eingerahmt von Wäldern und Weinbergen. Und dazwischen der „Hirschen". „Le coup de foudre" nennen das die Franzosen.

Es war Liebe auf den ersten Blick. Wir wussten sofort, das war es, wonach wir schon jahrelang gesucht hatten. An diesem „schönsten Ort der Welt“ wollten wir leben und aus dem „Hirschen“ ein gastronomisches Kleinod machen.

Inzwischen ist das 20 Jahre her. Der Erfolg ließ nicht lange auf sich warten. Natürlich gab es – wie überall im Geschäftsleben – Rückschläge, aber mit Ausdauer und Konsequenz haben wir unseren „Hirschen“ zu dem gemacht, was er heute ist: unsere Heimat, unser Glück, auch das Glück unserer Tochter und ihrer Familie.

Und so gilt unser Motto: Kochen macht glücklich.

Das „Amuse-Gueule“

Das „Amuse-Gueule“ oder, wie es etwas vornehmer heißt, „Amuse-Bouche“ sollte immer etwas Appetitanregendes sein, das einem die Zeit des Wartens auf die Vorspeise verkürzt. Früher wurde es auch „Ohnmachtshäppchen“ genannt, heute findet man häufig die für mich etwas unpassend klingende Bezeichnung „Gruß aus der Küche“.

Das Amuse-Gueule soll die „Schnauze amüsieren“ und auf das kommende Menü einstimmen.
Im Prinzip kann jedes Gericht ein Amuse-Gueule sein, aber immer „en miniatur“, um den Magen nicht zu belasten. Denn es soll eben die Vorfreude auf das Kommende steigern, sozusagen das Wasser im Munde zusammenlaufen lassen.
Die bekömmlichsten Amuse-Gueules sind die pikant-säuerlichen, die den Speichelfluss anregen und so den Appetit fördern. Süßes sollte man absolut vermeiden, denn Zucker verklebt die Geschmackspapillen, ebenso wie süßer Wein oder süße Aperitifs.
Ein gutes Amuse-Gueule sollte immer mit einem extrem trockenen Wein oder einem Champagner ohne Dosage mit möglichst viel Säure serviert werden.
Diese Regel eingehalten, mundet das nachfolgende Menü umso mehr.

Folgeseite von links oben nach rechts unten:

Lammfilet am Rosmarinspieß

Eingemachtes Kalbfleisch

Gebackener Kalbskopf mit Kartoffelsalat, Wachtelspiegelei

Pochierte Auster auf Spinat

Lachstatar, Wachtelei, Forellenkaviar, Salat von Meeresböhnchen

Jakobsmuschel mit Pfifferlingen

Kartoffeltörtchen mit Ossetra-Kaviar und Crème fraîche

Froschschenkel auf Petersiliencoulis mit Knoblauch

St. Peterfisch auf Kartoffel-Rucolapüree

Seite 22 von links oben nach rechts unten:

Miesmuscheln im Safransud
Gänseleberkugel im Totentrompetenmantel, Gelee
Ragout von Krebsen mit dicken Bohnen
Jakobsmuscheln mit Sahnepüree und Trüffelsauce
Miniseeteufel am Knochen gebraten mit Gemüsesud
Calamaretti auf Perlbohnen
Lammbries mit Polenta und Rotweinzwiebeln
Kalbsniere mit Kräuterjus
Pilzragout unter der Blätterteighaube

Seite 23:

Marinierte Sardinen mit Paprikawürfeln und Zwiebeln

Der Frühling kommt.
Die Sonne lacht.
Es steht die Welt in Veilchen.

Theodor Storm

Die längste Jahreszeit in der Küche ist der Winter. Schon Ende Februar, Anfang März sehnt man sich nach etwas Grünem, das uns der Frühling bringen wird.
Man kann es kaum erwarten, den ersten Bärlauch zu pflücken, der zu den kulinarischen Vorboten des Frühlings gehört.
Ein Spaziergang durch Wald und Wiesen verrät uns die Stellen, an denen er wächst. Denn hier riecht es stark nach Knoblauch. Zwischen braunen Gräsern und dürren Blättern sieht man ihn in zartestem Grün hervorsprießen.
Und nun beginnt der Feinschmecker bereits intensiv darüber nachzudenken, was er mit Bärlauch machen könnte. Einfach erstmal ein Sträußchen gepflückt und mit nach Hause genommen.

Eine Scheibe Graubrot vom Bauern,
gute Butter drauf und
den Bärlauch in feinste Streifen geschnitten obenauf –
mit ein paar Körnern grauem Meeersalz und Pfeffer aus der Mühle
– ein echtes Festmahl!

Dazu ein Glas einfachen Gutedel aus dem Markgräflerland und schon sind die düsteren Wintertage vergessen und der Frühling ist im Haus.

Bald kommen andere Produkte nach: Brunnenkresse, Spitzmorcheln aus den Rheinauen, Ziegenkitz, Milchlämmer und natürlich Spargel aus dem sandigen Boden des Oberrheins.
Frühlingsschlaraffenland am Oberrhein!
Das lässt das Herz eines Feinschmeckers und das eines leidenschaftlichen Koches wahrhaft höher schlagen.

Frühling

Mein Frühlingsmenü

Salat von Edelkrebsen mit Trüffel
aus dem Perigord, ein Krönchen von grünen
Spargelspitzen

Gefüllter Flußzander im Spinatblatt
auf gebratenen Chicoréespitzen
Brunnenkressesauce

Froschschenkel
auf einem Ragout von Spitzmorcheln
und Puffbohnen

Ziegenkitzschulter mit Provenzalischen Kräutern,
feines Ratatouille, geschmorter neuer Knoblauch
Kartoffel-Basilikumpüree

Käsepfannküchlein gebacken
auf einem kleinen Frühlingssalat
mit Bärlauch und Olivenöl

Waldmeistersüppchen
mit Erdbeeren und Erdbeer-
Sorbet

Salat von Edelkrebsen mit Trüffel aus dem Perigord, ein Krönchen von grünen Spargelspitzen

Spargelkrönchen

24 Stangen grüner Spargel ◦ 1,5 l Spargelsud: Spargelschalen ◦ Wasser
2 EL Salz ◦ 1 TL Zucker ◦ 30 g Butter

Spargelmousse für die Krönchen

300 g Spargelenden ◦ 90 g Sauce Béchamel (siehe Anhang) ◦ 4 Blatt Gelatine
Salz ◦ Pfeffer ◦ Cayennepfeffer ◦ Zitronensaft ◦ 150 g Sahne

Krebssauce

500 g Suppenkrebse ◦ Court-Bouillon (siehe Anhang) ◦ 2 EL Olivenöl
1 EL Butterschmalz ◦ 150–200 g Mirepoix (siehe Anhang)
2 geschälte, entkernte Tomaten ◦ 1 Zweiglein Thymian ◦ 1 Lorbeerblatt
10 Pfefferkörner ◦ 1 Zweiglein Estragon ◦ 1 TL Tomatenmark
2 cl Cognac ◦ 1/8 l Weißwein ◦ 1/4 l Geflügelbouillon (siehe Anhang)
125 g Sahne ◦ Salz ◦ Pfeffer ◦ Cayennepfeffer ◦ Zucker

Krebse

12 große Krebse (à 150 g) ◦ Court-Bouillon (siehe Anhang)
12 große Scheiben Trüffel

Mini-Salat mit Kräutern

4 große EL kleinste, gelbe Kopfsalatblättchen ◦ 2 Zweige Estragon, abgezupft
etwas Schnittlauch ◦ 1 kleiner Bund Blattpetersilie ◦ 1 kleiner Bund Kerbel

Vinaigrette

3 EL Traubenkernöl ◦ 1 EL Estragonessig ◦ Salz ◦ Pfeffer
1 TL Estragonblätter, gehackt

Spargelkrönchen

Den Spargel schälen. ◦ Aus den Spargelschalen mit Wasser, Salz, Zucker und Butter einen Sud herstellen, indem man alles zusammen aufkocht und ca. 10–15 Min. kochen lässt. ◦ Anschließend den Sud passieren. ◦ Die Spargelstangen in dem gut abgeschmeckten Spargelsud ca. 6–7 Min., je nach Dicke und Herkunft des Spargels, weich kochen. ◦ Vorsichtig herausnehmen und im Eiswasser erkalten lassen, damit die schöne grüne Farbe erhalten bleibt.

Die Spitzen auf ca. 6 cm Länge abschneiden, der Länge nach halbieren und mit der Schnittfläche nach außen in 4 kleine, runde Ausstecher mit einem Durchmesser von ca. 4 cm anlegen und kalt stellen.

Spargelmousse

300 g Spargelenden mit 90 g Béchamel mixen. Die eingeweichte Blattgelatine beigeben, mit Salz, Pfeffer, etwas Cayennepfeffer und einigen Tropfen Zitronensaft würzen und kalt rühren.

Kurz vor dem Festwerden der Masse ca. 150 g geschlagene Sahne unterheben, eventuell etwas nachwürzen und die noch leicht flüssige Mousse in die mit Spargelspitzen ausgelegten Förmchen füllen. Mindestens 1 Std. im Kühlschrank kalt stellen.

Krebssauce

Die Suppenkrebse für 1 Min. in die Court-Bouillon geben, herausnehmen, abtropfen und mit einem großen Messer in Stücke schneiden. ◦ Diese in einer flachen Kasserolle mit 2 EL Olivenöl und 1 EL Butterschmalz anrösten. ◦ Das Mirepoix (Röstgemüse: Zwiebel, Karotte, Sellerie) dazugeben und ebenfalls anrösten. ◦ 2 kleine, geschälte und entkernte Tomaten würfelig schneiden und zusammen mit Thymian, Lorbeerblatt, zerstoßenen Pfefferkörnern und Estragon zugeben. ◦ Tomatenmark hinzufügen, mit Cognac flambieren und mit Weißwein ablöschen.

Mit Geflügelbouillon auffüllen, 20–25 Min. leise köcheln lassen und dann durch ein feines Sieb oder Passiertuch passieren. ◦ Den gewonnenen Fond auf die Hälfte einkochen lassen. ◦ Flüssige Sahne zugeben und erneut bis zur gewünschten Konsistenz reduzieren. ◦ Mit Salz, Pfeffer, Cayennepfeffer und einer Prise Zucker würzen und beiseite stellen.

Krebse

Die Krebse in die kochende Court-Bouillon geben und 3,5 Min. kochen. Herausnehmen und die Schalen entfernen. ◦ Das Fleisch in etwas warmer Court-Bouillon warm stellen.

Mini-Salat mit Kräutern

Für jeden Teller ein kleines Salatbouquet vorbereiten aus Kopfsalat und Kerbel, Schnittlauch, Blattpetersilie und Estragon. ◦ Mit der Vinaigrette aus Traubenkernöl, Estragonessig und Gewürzen anmachen.

◇ Je 1 Spargelkrönchen auf einem Teller anrichten. Den Ausstecher vorsichtig abziehen. ◦ Je 3 warme, mit Küchenpapier abgetupfte Krebse mit Scheren anlegen und mit dem Mini-Salat garnieren. ◦ Je Krebs 1 schöne Trüffelscheibe dazugeben.

Die Krebssauce kurz aufkochen und mit dem Stabmixer aufmixen. Heiß und schaumig auf die Krebse saucieren.

Gefüllter Flusszander im Spinatblatt auf gebratenen Chicoréespitzen, Brunnenkressesauce und Tomatenconfit

Farce

100 g Zanderfiletabschnitte (ohne Haut und Gräten) ◦ Salz ◦ Pfeffer ◦ Macis
60 g Sahne ◦ 4 TL Gemüsebrunoise (siehe Anhang)
1 Msp. abgeriebene Zitronenschale ◦ 2 TL Kerbel, gehackt

Flusszanderfilets

4 x 60 g Zanderfilet mit Haut (geschuppt) ◦ Salz ◦ Pfeffer ◦ 4 EL von der Farce
12 große Spinatblätter ◦ 30 g Butter
1 TL Schalotten, fein gehackt ◦ 3 EL Weißwein ◦ 3 EL Fischfond (siehe Anhang)

Brunnenkressesauce

1 kleiner Bund Brunnenkresse ◦ 1/8 l Fischfond (siehe Anhang)
3 cl Weißwein ◦ Fond vom pochierten Fisch
100 g kalte Butter ◦ Salz ◦ Zitrone

Chicoréespitzen

12 Chicoréeblätter ◦ Salz ◦ Zucker ◦ 1 EL Öl

Garnitur

4/4 Tomatenconfit (siehe Anhang)

Farce

Die Zanderfiletabschnitte, ohne Haut und Gräten (darauf achten, dass die Silberhaut entfernt ist), in 1 cm große Würfelchen schneiden, mit Salz, Pfeffer und Macis würzen und auf einem flachen Teller in den Froster stellen. ◦ Nach ca. 30 Min. herausnehmen und in der Moulinette mixen, bis eine Bindung eintritt. ◦ Nach und nach die Sahne beigeben; dabei darf sich die Farce nicht erwärmen. Bei Bedarf nachwürzen und aus dem Mixer nehmen. ◦ Gemüsebrunoise und etwas abgeriebene Zitronenschale sowie den Kerbel untermengen.

Flusszanderfilets

Die Zanderfilets mit einem dünnen, scharfen Messer quer einschneiden (zu einer Tasche), würzen mit Salz und Pfeffer, mit einem Löffel Farce füllen und zusammenschlagen.

Die Spinatblätter kurz blanchieren und im Eiswasser erkalten lassen; zum Abtrocknen auf ein Tuch legen. Den gefüllten Zander in die Blätter einpacken.

In einer flachen Kasserolle 30 g Butter schmelzen, Schalotte, Weißwein und 3 EL Fischfond dazugeben. Das Ganze aufkochen. ◇ Den Zander einlegen und zugedeckt bei schwacher Hitze langsam garen (ca. 12 Min. bei 75–80 °C). ◇ Fond abgießen und beiseite stellen. Warm halten.

Brunnenkressesauce

Brunnenkresse von den Stielen befreien und kurz blanchieren, im Eiswasser erkalten lassen und ausdrücken.

1/8 l Fischfond mit etwas Weißwein um die Hälfte einkochen, den Fond vom pochierten Zander dazugeben und ca. 100 g Butter mit dem Mixstab einmixen. ◇ Mit Salz und Zitronensaft würzen und die gut ausgedrückte Brunnenkresse mit dieser beurre blanc im Messbecher mixen, bis sie gleichmäßig grün ist.

Chicoréespitzen

Die Chicoréeblätter mit Salz und Zucker würzen und in der Pfanne mit etwas heißem Öl kurz anbraten, herausnehmen und abtupfen.

◇ Je 6 halbe Chicoréeblätter auf Tellern anrichten, den pochierten Zander mit einem scharfen Messer schräg aufschneiden und auf dem Chicorée anrichten.

Die Kressesauce nochmals kurz aufkochen und mit dem Mixstab schaumig rühren.

Tomatenconfit in etwas Butter anbraten und als Garnitur anlegen.

Froschschenkel auf einem Ragout von Spitzmorcheln und Puffbohnen

Ragout

16 schöne Spitzmorcheln ◦ 1/2 Schalotte, fein gehackt ◦ 20 g Butter
Salz ◦ 125 g Sahne

Gemüserauten und Puffbohnen

1 Stück Sellerieknolle (50 g) ◦ 1 kleine Karotte ◦ 1/4 Stange Lauch
4–5 ganze Puffbohnen ◦ 20 g Butter ◦ Salz ◦ Pfeffer ◦ Thymian

Froschschenkel

12 Paar frische Froschschenkel ◦ Salz ◦ Pfeffer ◦ 1 EL Mehl ◦ 3 EL Olivenöl
1 EL Butter ◦ 1 Knoblauchzehe ◦ 2 TL Petersilie, gehackt

Ragout

Die Spitzmorcheln sauber waschen; 4 davon längs in 4 Teile schneiden. Schalotte in 20 g Butter anschwitzen, die gewaschenen Morcheln dazugeben, mit etwas Salz würzen und zudecken. Die Morcheln werden etwas Wasser ziehen. ◦ Ganz einkochen lassen, die Sahne dazugeben und zu gewünschter Konsistenz reduzieren.

Gemüserauten und Puffbohnen

Sellerie, Karotte und Lauch in Rauten schneiden.
Puffbohnen ausbrechen, kurz blanchieren, im Eiswasser erkalten lassen und das Häutchen entfernen. Jede Bohne in 2 Teile teilen. ◦ Puffbohnen und Gemüserauten in 20 g Butter anschwenken, mit Salz, Pfeffer und etwas Thymian würzen.

Froschschenkel

Die Froschschenkelpaare mit einem kleinen Messer in 2 Teile teilen. Den Unterschenkelknochen vom Fleisch befreien. ◦ Froschschenkel salzen, pfeffern und in Mehl wälzen. In 3 EL Olivenöl und 20 g Butter schön braun und krustig braten, mit etwas Knoblauch würzen und ganz zum Schluss 2 TL gehackte Petersilie dazugeben.

◇ Gemüserauten und Bohnen in der Mitte des Tellers anrichten, die Morcheln darauf geben. Die Froschschenkel anlegen und mit der Morchelsauce saucieren. Bratbutter der Schenkel darüber träufeln.

Ziegenkitzschulter mit provenzalischen Kräutern, feines Ratatouille, geschmorter neuer Knoblauch, Kartoffel-Basilikumpüree

Ziegenkitzschulter

2 Ziegenkitzschultern ◦ Salz ◦ Pfeffer ◦ 4 EL Olivenöl ◦ 2 EL Butterschmalz
10 Pfefferkörner ◦ Thymian ◦ Rosmarin ◦ 1 Lorbeerblatt

Füllung

4 Scheiben Toastbrot ◦ 1 Ei ◦ 1 Schalotte, gehackt ◦ 20 g Butter
1 EL Petersilie, gehackt ◦ 1 EL Basilikum, gehackt
Salz ◦ Pfeffer

Zucchini

2 kleine Zucchini ◦ Salz ◦ Pfeffer ◦ 1 EL Olivenöl

Ratatouille

1 rote Paprikaschote ◦ 1 gelbe Paprikaschote ◦ Thymian ◦ Rosmarin
3 EL Olivenöl ◦ restliche Zucchini ◦ 1 Tomate
1 kleine Zwiebel ◦ Salz ◦ Pfeffer ◦ Cayennepfeffer ◦ 1/4 Knoblauchzehe

Geschmorter Knoblauch

1 Knolle neuer Knoblauch ◦ 2 EL Olivenöl ◦ Salz

Kartoffel-Basilikumpüree

4 große Kartoffeln (Sorte Bintje, Manon oder eine andere mehlig kochende Sorte)
Salz ◦ 6 EL Basilikumöl (siehe Anhang)

Füllung

Die ausgelösten Ziegenkitzschultern (der Haxenknochen muss dranbleiben) auf ein Schneidebrett legen, mit Salz und Pfeffer würzen und folgendermaßen füllen: 4 Scheiben Toastbrot in Würfel schneiden, 1 Ei aufschlagen und über das Toastbrot geben. ◦ Die gehackte Schalotte in 20 g Butter anschwitzen, Petersilie und Basilikum dazugeben und leicht andünsten lassen. Dies zum Toastbrot geben, mit Salz und Pfeffer würzen und mit einem Löffel gut durchmengen. ◦ Die Füllung locker auf das Fleisch legen und das Fleisch zusammenklappen. Mit Bridiernadel und Bindfaden zusammennähen und in Form bringen.

Zucchini

Die Zucchini in 8 gleich große Stücke auf einer Seite gerade, auf der anderen Seite schräg schneiden und aushöhlen.
Mit Salz und Pfeffer würzen und ca. 10 Min. stehen lassen, damit sie Wasser ziehen. Mit Küchenkrepp abtupfen. ◦ In einer Kasserolle die Zucchini in Olivenöl anbraten und weich dünsten.

Ratatouille

1 gelbe und 1 rote Paprika in 4 Teile schneiden. Stiel und Kerne entfernen, mit etwas Thymian und Rosmarin würzen, mit Olivenöl einpinseln und in der Backröhre garen. ◦ Die Haut abziehen und die Paprika in ganz kleine Würfelchen schneiden. ◦ Die restlichen Zucchini ebenfalls in ganz kleine Würfel schneiden. ◦ Eine kleine Zwiebel hacken, zusammen mit den Zucchini in Olivenöl anschwitzen. ◦ Die Paprika und die geschälte, in Würfel geschnittene Tomate dazugeben und mit Salz, Pfeffer, Cayennepfeffer und Thymian würzen. ◦ 1/4 zerdrückte Knoblauchzehe beigeben und alles zusammen ca. 5 Min. dünsten; dann beiseite stellen.

Geschmorter Knoblauch

Der neue Knoblauch hat noch grün-weißliche, weiche Häute.

Die Knoblauchknolle achteln, in eine Pfanne mit Olivenöl legen, leicht salzen und zugedeckt langsam garen. ◦ Von beiden Seiten goldbraun braten.

Kartoffel-Basilikumpüree

Die 4 Kartoffeln schälen und achteln, in Salzwasser weich kochen, abgießen und durch die Kartoffelpresse drücken. ◦ Das vorbereitete Basilikumöl beigeben, gut vermengen und warm stellen.

Ziegenkitzschulter

Die Schultern in etwas Öl und Butterschmalz in einem gusseisernen Topf auf allen Seiten goldbraun anbraten und dann ca. 20 Min. im Ofen bei 250°C braten. Immer wieder mit dem Bratfett übergießen. ◇ Nach 20 Min. den Ofen aufmachen und den Topf auf die Backofentüre stellen, ca. 15–20 Min. nachziehen lassen. Das Fleisch herausnehmen und warm stellen. Fett abgießen und den Bratensatz mit etwas Bouillon oder Wasser ablöschen, einkochen lassen und passieren. ◇ Etwas Butterschmalz und Öl in eine Pfanne geben, zerdrückte Pfefferkörner, Thymian, Rosmarin, Lorbeerblatt dazugeben und die Schulter in dieser Mischung nachbraten, indem man sie mit Hilfe eines Esslöffels mehrfach begießt.

◇ Die Zucchini mit heißem Ratatouille füllen und abwechselnd mit dem grünen Kartoffel-Basilikumpüree auf einer Platte anrichten. ◇ Auf das Püree je 1 Knoblauchecke stecken. ◇ Die Schulter aufschneiden und auf der Servierplatte anrichten. ◇ Den passierten Bratensaft extra dazugeben.

Käsepfannküchlein auf einem kleinen Frühlingssalat mit Bärlauch und Olivenöl

Crêpeteig

1 EL Mehl ◦ 1/2 dl Milch ◦ 2 Eier ◦ Salz ◦ Muskat ◦ 1 EL Öl ◦ 1 EL Butter
60 g Butterschmalz zum Ausbacken

Füllung

1 dl Sauce Béchamel (siehe Anhang) ◦ 100 g Greyerzer ◦ 1 Eigelb ◦ Pfeffer

Panierung

1 EL Mehl ◦ 1 Ei ◦ 4 EL Semmelbrösel

Salat

250 g Salat (Kopf-, Eichblatt-, Friséesalat) ◦ 8 Bärlauchblätter
Vinaigrette:
1/2 Knoblauchzehe ◦ 1 EL Weißweinessig ◦ Salz ◦ Pfeffer ◦ 3 EL Olivenöl

Bärlauchöl

siehe Basilikumöl (Anhang)

Crêpeteig

Mehl und Milch mit dem Schneebesen glatt rühren. Eier dazugeben, mit Salz und Muskat abschmecken und gut durchrühren. ◦ Aus dem Teig 4 kleine dünne Pfannkuchen mit ca. 12 cm Durchmesser backen. ◦ Auskühlen lassen und beiseite stellen.

Füllung

In die noch warme Béchamel den in Würfel geschnittenen Greyerzer geben. ◦ 1 Eigelb hinzufügen, mit Pfeffer abschmecken und mit einem Holzlöffel gut vermengen. ◦ Die Käsecreme auf einem mit Klarsichtfolie abgedeckten Teller im Kühlschrank erkalten lassen.

Salat

Die verschiedenen Salate putzen und waschen. ◦ Eine Salatschüssel mit Knoblauch ausreiben. Die Vinaigrette herstellen aus Knoblauch, Weißweinessig und einer Prise Salz und Pfeffer. Gut verrühren und mit dem Schneebesen nach und nach das Olivenöl einrühren.

◇ Die Crêpes mit 1 EL Käsecreme füllen, zusammenrollen, mit Mehl, Ei und Semmelbröseln panieren und in Butterschmalz ausbacken. Anschließend auf einem kleinen Salat mit Bärlauchblättern anrichten. Bärlauchöl darüber träufeln.

Waldmeistersüppchen mit Erdbeeren und Erdbeersorbet

Waldmeistersüppchen

1 kleiner Strauß Waldmeister ohne Blüten ◦ 1/2 l Weißwein ◦ 180 g Zucker
10 g Geleepulver (Tortenguss, klar) ◦ 1 Glas Champagner

Orangenhippenkörbchen

80 g Zucker ◦ 40 g Mehl ◦ 50 g Orangensaft ◦ 30 g Butter flüssig

Erdbeersorbet

500 g frische Erdbeeren ◦ 250 g Läuterzucker (siehe Anhang)
Garnitur: einige schöne Erdbeeren ◦ Puderzucker

Waldmeistersüppchen

Waldmeister gibt den besten Geschmack ab, wenn er leicht welk ist. 1 kleinen welken Strauß ohne Blüten am Abend vorher in 1/2 l Weißwein mit 180 g Zucker einlegen.

Am nächsten Tag das Waldmeistersüppchen durch ein Sieb passieren, mit 10 g Geleepulver versetzen und aufkochen. Auf Eis kalt rühren und mit dem Stabmixer durchmixen. Einen Schuss Champagner dazugeben.

Orangenhippenkörbchen

Alle Zutaten vermengen, 30 Min. ruhen lassen und nochmals gut durchrühren. ◦ Mit einem Löffel runde Plätzchen auf ein Backblech dünn aufstreichen und bei 200 °C ausbacken. ◦ Leicht auskühlen lassen, und solange sie noch weich sind, in kleine runde Schälchen legen, um ihnen Form zu geben. Völlig auskühlen lassen.

Erdbeersorbet

Die Erdbeeren im Mixer fein pürieren. Läuterzucker dazugeben und nochmals mixen. ◦ In der Sorbetière zu einem festen Sorbet gefrieren lassen.

◇ Schöne reife Erdbeeren in Scheiben schneiden und fächerartig in tiefen Tellern anrichten. ◦ Mit Puderzucker bestäuben und das Waldmeistersüppchen, welches durch das Geleepulver leicht gebunden ist, darüber gießen. ◦ Je 1 Orangenkörbchen in die Mitte setzen und mit 1 Kugel Erdbeersorbet füllen. Mit Waldmeisterblättern garnieren.

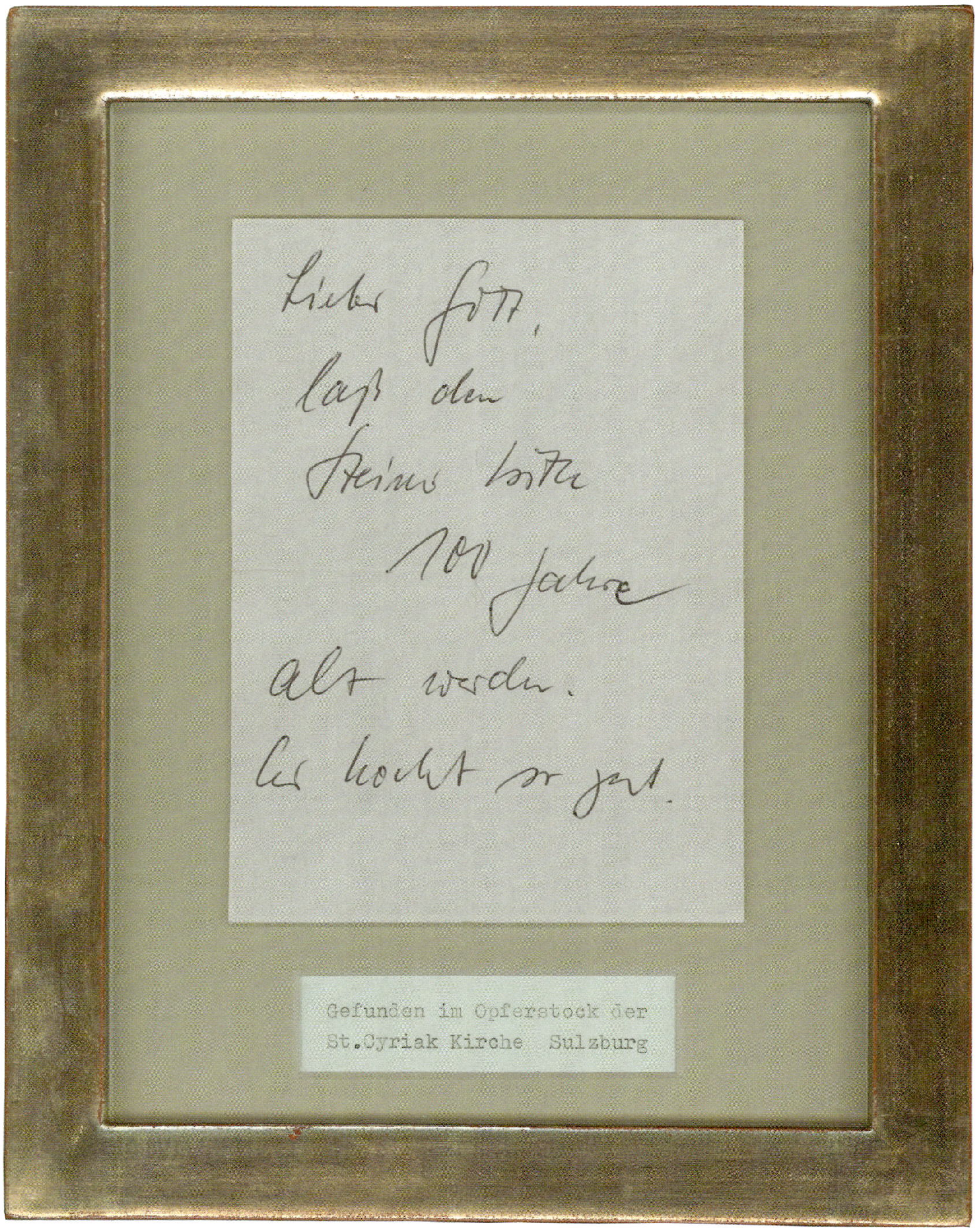
Lieber Gott,
laß den
Steiner bitte
100 Jahre
alt werden.
Er kocht so gut.
Gefunden im Opferstock der
St.Cyriak Kirche Sulzburg

Das Leibgericht

Es gibt Gerichte, die verfolgen einen das ganze Leben lang, und der Gedanke an sie beschwört die schönsten Kindheitserinnerungen herauf. Eines dieser Gerichte ist das „eingemachte Kalbfleisch", wie es meine Mutter zubereitete.
Es ist ein sehr einfaches Rezept, aber wie bei vielem im Leben ist das Einfache oft das Beste. Von aufgeschlagenen Saucen, verfeinert mit Butterflocken, keine Spur – und doch ist dieses Rezept für mich heute noch der Inbegriff einer sauberen und klaren Geschmackslinie, bei der Kalbfleisch noch nach Kalbfleisch schmeckt.

Ich erinnere mich noch gut, als ich meine Mutter schon am Morgen fragte: „Mutter, was gibt es heute zum Mittagessen?" Fast jeden Tag stellte ich ihr diese Frage. Lautete die Antwort „eingemachtes Kalbfleisch", so konnte ich das Mittagessen kaum erwarten.
Den ganzen Vormittag sah ich im Geiste einen Teller vor mir, mit schönen weißen Fleischstückchen, glänzend, von einer samtigen weißen Sauce umschmeichelt, obenauf ein Lorbeerblatt und dazu handgeschabte Spätzle, geschmälzt mit Butter und braunen Semmelbröseln. Ein wahres Gedicht – damals wie heute!
Die Sauce – etwas säuerlich von Zitrone und, da Wein teuer war, von einem exzellenten Apfelmost aus eigenem Keller – gab dem Gericht den letzten Pfiff.
Probieren Sie es selbst!

Eingemachtes Kalbfleisch mit Spätzle

Eingemachtes Kalbfleisch

1 kg Kalbsschulter ◦ 1 l Court-Bouillon (siehe Anhang) ◦ 1 Zwiebel, gespickt
40 g Mehl ◦ 50 g Butter ◦ 1/4 l Weißwein (Gutedel trocken)
Zitrone ◦ Salz ◦ 1 Stange Lauch ◦ Butter ◦ 1 große Karotte ◦ 6 Frühlingszwiebeln
etwas Sellerieknolle ◦ Lorbeerblätter

Spätzle

4 gehäufte große EL Mehl ◦ 4 Eier ◦ Salz ◦ 1 EL Öl
Zum Schmälzen: 1 EL Butter ◦ 1 EL Semmelbrösel

Eingemachtes Kalbfleisch

Kalbsschulter in 30–40 g schwere Stücke schneiden und ca. 30 Min. im kalten Wasser auswässern. ◦ In der Zwischenzeit eine Court-Bouillon herstellen. ◦ Nach dem Wässern das Fleisch einmal in Wasser aufkochen, abgießen und abwaschen. So bleibt das Fleisch schön weiß. Die so vorbehandelten Stücke in die kochende Court-Bouillon geben und langsam gar ziehen lassen – kurz unter dem Siedepunkt, damit das Fleisch saftig bleibt.

Aus Mehl und Butter eine helle Mehlschwitze herstellen und mit ca. 1/2 l der Kalbsbrühe auffüllen. Mit dem Schneebesen glatt rühren und mindestens 20 Min. unter ständigem Rühren kochen lassen. Mit Weißwein, Zitronensaft und Salz abschmecken und über das Kalbfleisch passieren. Noch einmal gut durchkochen lassen und anrichten.

In der Zwischenzeit das Gemüse vorbereiten: Dazu Lauch in ca. 1 cm dicke schräge Scheiben schneiden, würzen und in Butter dünsten. Die Karotte in Scheibchen schneiden und ebenfalls in Butter weich dünsten, ebenso die Frühlingszwiebeln. Vom Sellerie Halbmonde ausstechen und in Wasser weich kochen.

◇ Das gedünstete Gemüse auf dem Fleisch anrichten, mit ein paar frischen Lorbeerblättern garnieren und mit dem Rest der Sauce überziehen.

Spätzle

Die Zutaten vermengen und den Teig schlagen, bis er glatt ist und Blasen wirft. ◦ Den Teig auf ein Spätzlebrett streichen und mit einer Palette die Spätzle ins kochende Salzwasser schaben. ◦ Aufkochen und sofort herausnehmen, kurz mit kaltem Wasser abschrecken und abtropfen lassen.

◇ Die abgetropften Spätzle in einer heißen Pfanne mit wenig Butter durchschwenken und mit Butter und Semmelbröseln schmälzen.

Der Geissenhändler

Die Winterweide des Albschäfers Jakob lag in der Gemarkung meines Heimatortes Haubersbronn am Fuße des schwäbischen Waldes. Jakob war ein Freund meines Vaters und ich verehrte Jakob aus unerfindlichen Gründen. Immer wenn er im Spätherbst oder frühen Winter – ich weiß nicht mehr, war es November oder Dezember – mit seiner Schafherde in den Ort einzog, seinen Schäferkarren an einem besonders schönen Platz aufstellte und seinen Pferch für die Schafe installierte, war ich bei ihm. Jede Gelegenheit nahm ich wahr, ihn im Laufe des Winters zu besuchen, um gemeinsam durch die großen „Streuobstwiesen" zu ziehen und Schafe zu hüten. Natürlich war Schafehüten nicht so wichtig. Jakob erzählte wundervolle Geschichten. Und er zeigte mir, wie man mit einer Schäferschippe voll Erde nach einem Schaf wirft, das sich von der Herde entfernt. An Jakobs Seite erlebte ich zum ersten Mal die Geburt eines Schafes. Es war faszinierend und schön zugleich.

Im späten Frühjahr 1947, bevor Jakob unser Tal verließ, um wieder auf seine angestammte Sommerweide auf der Schwäbischen Alb zu ziehen, schenkte er mir ein kleines Milchschaf. Meine Freude war riesig und voller Stolz brachte ich mein Geschenk nach Hause. Die Freude der Eltern allerdings war eher verhalten. Sie schienen mein Glück nicht zu teilen, und so war meine Freude natürlich getrübt.

Am Abend belauschte ich die Unterhaltung meiner Eltern: „Ach Gott", sagte meine Mutter, „was sollen wir bloß mit dem Schäflein machen? Es braucht doch noch Milch und davon haben wir selber nicht genug. Aber wir können dem Bub das Schäflein nicht wegnehmen. Wenn wir nur eine Ziege hätten, dann hätten wir wenigstens Milch." Noch lange lag ich wach im Bett und dachte darüber nach. Am nächsten Morgen führte mich mein erster Gang zu Jule, einer Bäuerin in der Nachbarschaft.

„Jule", sagte ich, „du hast doch eine Geiß?!"

„Ja, ja", antwortete sie, ohne meine Gedanken zu erraten, „aber die wird übermorgen geschlachtet!"

Da sah ich meine große Chance: „Aber Jule, dann kannst du doch mein Schäfle schlachten und ich bekomme dafür deine Geiß." Sie sah mich erst etwas ungläubig an, bemerkte dann aber, dass es mir ernst war.

„Na ja", erwiderte sie etwas zögerlich, „darüber können wir reden."

Weitere Kommentare von Jule wartete ich erst gar nicht ab. So schnell ich konnte, lief ich nach Hause und rief schon lautstark unter der Haustüre: „Jetzt hab ich eine Geiß! Jetzt hab ich eine Geiß!" Und erzählte meinen ungläubig staunenden Eltern von dem Gespräch mit Jule.

Die Not und die Sorge um das tägliche Leben waren wohl der Antrieb, dass mein Vater zu Jule ging, um den Sach- und Wahrheitsgehalt meiner Geschichte zu prüfen; und sicher war auch ein großer Teil Hoffnung dabei, dass so ein Handel des „Hans im Glück" klappen könnte.

Und er klappte. Gegen einige unserer Legehühner und Enten sowie mein Schäfle, das zum Schlachten noch viel zu klein war, erhielten wir von Jule die Geiß. Sie gab täglich sechs Liter Milch – Milch zum Trinken, zum Backen und Kochen. Meine Mutter machte Ziegenquark mit frischem Schnittlauch und Ziegenkäse. Zudem gab es Nachwuchs und das war ein guter Ersatz für das Schäfle von Jakob. Viele Leute aus meinem Heimatort nannten mich nach dieser Geschichte den „Geißenhändler".

Das Sommermenü

Gänseleberschnitzel
in Kürbiskernölvinaigrette
mit einer Terrine von jungem Lauch

Kalte Tomatenconsommé
mit Medaillons von bretonischem
Hummer

Gebackene Langustine in der
Kartoffelkruste
auf Cous-Cous

Gefülltes Taubenbrüstchen
mit Artischockenragout und frischen
Waldpfifferlingen

Variation von Ziegenkäse
mit Raukensalat und schwarzen
Nüssen

Pfirsich Melba
mit Mandeleis
und Himbeeren

Gänseleberschnitzel in Kürbiskernölvinaigrette mit einer Terrine von jungem Lauch

Gänseleberschnitzel

2 EL Sonnenblumenöl ◦ Salz ◦ Pfeffer ◦ 4 Gänseleberschnitzel (à ca. 70 g)
2 TL Mehl ◦ 60 Kürbiskerne

Lauchterrine

1 Stange Lauch für einzelne Blätter ◦ Salz ◦ 7 – 8 Stangen junger Sommerlauch
1 dl Gelee (siehe Anhang)

Lauchrauten

1 Stange Lauch ◦ 1 EL Öl ◦ 1 TL Weißweinessig ◦ Salz ◦ Pfeffer

Vinaigrette

1 EL Balsamico-Essig ◦ 1/2 Schalotte, fein gehackt
1 TL dunkelgrüne Kürbiskerne, gehackt
3 EL steirisches Kürbiskernöl ◦ 6 TL Gemüsebrunoise (siehe Anhang)
Salz ◦ Pfeffer
2 TL Schnittlauch, fein geschnitten

Lauchterrine

Lauchstange in einzelne Blätter zerlegen und die Blätter gesondert in Salzwasser weich kochen. In Eiswasser erkalten lassen und zwischen zwei Tüchern trocknen.

Die äußeren Blätter des Sommerlauchs entfernen. Die dunkelgrünen Blätter abschneiden, ebenso die Wurzeln. ◦ Die Lauchstangen gut waschen und in Salzwasser zugedeckt weich kochen. Herausnehmen und sofort in Eiswasser erkalten lassen. Das Erkalten wird hier etwas länger dauern, da die Kälte erst bis in die Mitte der Stange vordringen muss. ◦ Den erkalteten Lauch herausnehmen, zwischen zwei Tücher legen und mit einem kleinen Gewicht leicht auspressen. Etwa 30 Min. unter dem Gewicht liegen lassen. ◦ Das gut abgeschmeckte Gelee flüssig werden lassen und den Lauch darin einlegen. ◦ Kurz vor dem Festwerden des Gelees die einzelnen Stangen der Länge nach in eine Terrinenform geben, welche man vorher mit den einzelnen Lauchblättern ausgelegt und mit Gelee bepinselt hat. Immer wieder 1 – 2 TL Gelee dazwischengießen und so die Form füllen. ◦ Die überhängenden Blätter überschlagen und die Form, welche man ca. 0,5 cm über den Rand gefüllt hat, mit einem Brettchen belegen und einem Gewicht beschweren. 6 Stunden kalt stellen.

Lauchrauten

Die Stange Lauch putzen, waschen und in 1 × 1 cm große Rauten schneiden. ◇ Die Lauchrauten werden mit 1 EL Öl weich gedünstet und mit 1 TL Weißweinessig sowie Salz und Pfeffer abgeschmeckt.

Vinaigrette

Essig, Schalotte, gehackte Kürbiskerne, gewürzt mit Salz und Pfeffer, in eine Glasschüssel geben. 3 EL Kürbiskernöl einrühren und 6 TL Gemüsebrunoise hinzufügen. ◇ Kurz vor dem Anrichten den Schnittlauch dazugeben.

Gänseleberschnitzel

In eine Teflonpfanne 2 EL Sonnenblumenöl geben und erhitzen.
Die mit Salz und Pfeffer gewürzten Schnitzel mit Mehl bestäuben und kurz und heiß braten. Herausnehmen und zwischen zwei warmen Tellern am Herdrand 5 Min. ruhen lassen.

◇ Die Lauchrauten auf einem Teller kreisförmig anrichten. ◇ Je eine dicke Scheibe der Lauchterrine daneben stellen, mit etwas Vinaigrette beträufeln. ◇ Die Schnitzel auf dem Lauch anrichten, mit der Vinaigrette bedecken und die Teller mit je 15 Kürbiskernen garnieren.

Kalte Tomatenconsommé mit Medaillons von bretonischem Hummer

Tomatenconsommé

3 kg reife Sommertomaten (aromatische, im Garten gut gereifte Tomaten)
Salz ◦ Pfeffer ◦ Cayennepfeffer ◦ Basilikumblätter oder Kerbel
Zucker ◦ 3 Blatt Gelatine ◦ 1 große, reife Tomate

Hummer

2 Hummer (à 450 g) ◦ 2 l Court-Bouillon (siehe Anhang)

Tomatenconsommé

Die Tomaten in Stücke schneiden und im Mixer leicht anmixen. ◦ Salz, Pfeffer, Cayennepfeffer, Basilikum und Zucker dazugeben und das Ganze in ein großes Passiertuch geben: dieses oben zusammenbinden, über einer Schüssel aufhängen und über Nacht austropfen lassen. Die Masse darf nicht ausgepresst werden, nur so erhält man eine wasserklare Tomatenconsommé.

Für 4 Personen rechnet man 3/4 l Consommé. ◦ 3 Blatt Gelatine einweichen, auflösen, in die Consommé geben und kalt stellen.

Hummer

Den Hummer in Court-Bouillon ca. 4 Min. lang kochen und anschließend ausbrechen. ◦ Mit einem kleinen Messer den Darm entfernen.

◇ Je 1/2 Hummerschwanz wird in Medaillons geschnitten und zusammen mit je einer Schere lauwarm in den Teller gegeben.

Die große, reife Tomate schälen, entkernen und in Würfel schneiden. Die Tomatenwürfel zum Hummer geben und mit der gut abgeschmeckten Consommé übergießen. Mit Kerbel oder Basilikumblättchen garnieren.

Gebackene Langustine in der Kartoffelkruste auf Couscous

Couscous

3 EL Kichererbsen ◦ 3 EL Couscous-Grieß ◦ 9 EL Geflügelbouillon
3 EL Olivenöl ◦ 1/2 Paprikaschote, rot ◦ 1/2 Paprikaschote, gelb
1/2 mittelgroße Zucchini ◦ Salz ◦ Pfeffer ◦ 1 Msp. Harissa

Langustinen

1 große Kartoffel ◦ Salz ◦ Pfeffer ◦ etwas Zitronenschale ◦ 1 l Erdnussöl zum Fritieren
4 große Langustinen (à 180 g)

Sauce

Köpfe, Panzer und 4 Scheren von den Langustinen ◦ 2 EL Olivenöl
1 EL Butterschmalz ◦ Mirepoix oder Röstgemüse (siehe Anhang)
2 TL Tomatenmark ◦ 1/2 geschälte Tomate
5 Pfefferkörner ◦ 1 Zweig Thymian ◦ 1 Lorbeerblatt ◦ 2 cl Armagnac
1 dl Weißwein ◦ 1/2 dl Portwein ◦ 2 dl Geflügelbouillon (siehe Anhang)
1/2 kleine Kartoffel ◦ Salz ◦ Cayennepfeffer ◦ Zucker

Couscous

Kichererbsen einen Tag vorher einweichen. ◦ 3 EL Couscous-Grieß nach und nach mit 9 EL kochender Geflügelbouillon übergießen und mit der Gabel immer wieder auflockern. ◦ 2 EL Olivenöl dazugeben und gut quellen lassen.

Die Paprika schälen und in kleine Würfelchen schneiden, ebenso die (ungeschälten) Zucchini würfeln und alles mit 1 EL Olivenöl dünsten.

Die eingeweichten Kichererbsen weich kochen, abtropfen lassen und unter das Gemüse heben. Das Ganze zum Couscous-Grieß geben. Mit Salz, Pfeffer und Harissa (Vorsicht, sehr scharf! 1 Msp. genügt im Allgemeinen) abschmecken und warm stellen.

Sauce

Die Langustinen ausbrechen und den Darm mit einem kleinen Schnitt auf der Oberseite des Schwanzes entfernen. Die Schwanzflosse und 4 schöne Scheren beiseite legen. ◦ Die restlichen Scheren und den Panzer sowie die Köpfe in große Stücke hacken und in einen flachen Topf mit 2 EL Olivenöl und 1 EL Butterschmalz anrösten. ◦ Das Mirepoix dazugeben und ebenfalls anrösten. Darauf achten, dass es keine schwarze Stellen bekommt.

2 TL Tomatenmark und die würfelig geschnittene Tomate dazugeben, auch dies leicht anrösten. Dann zerdrückte Pfefferkörner, 1 Zweig Thymian sowie 1 Lorbeerblatt dazugeben. ◇ Mit Armagnac flambieren und mit Weißwein und Portwein sowie der Geflügelbouillon auffüllen.

Eine 1/2 Kartoffel mit dem feinen Gemüsehobel in den Fond hobeln und ca. 20 Min. köcheln lassen. ◇ Das Ganze passieren und zur gewünschten Konsistenz einkochen lassen. Mit Salz, etwas Cayennepfeffer und einer Prise Zucker abschmecken und warm stellen.

Langustinen

1 große geschälte, rohe Kartoffel mit einem japanischen Gemüsehobel in lange Fäden schneiden. ◇ Die mit Salz und Pfeffer sowie etwas abgeriebener Zitronenschale gewürzten Langustinen mit den Fäden locker einpacken und einzeln in Erdnussöl fritieren.

Die Langustinenscheren am unteren Ende ausbrechen und in der Pfanne mit etwas Erdnussöl braten, auch die Schwanzflosse leicht anbraten.

◇ Den Couscous nochmals erwärmen. ◇ 4 runde Ausstecherformen mit ca. 6 cm Durchmesser in die Mitte des Tellers legen und den Couscous locker einfüllen. ◇ Eine krustig gebackene Langustine anlegen. ◇ Die Schere in die Mitte des Couscous stecken. Die Ausstecherformen wegnehmen, die Schwanzflosse anlegen und mit heißer Sauce servieren.

Gefülltes Taubenbrüstchen mit Artischockenragout und frischen Waldpfifferlingen

Taubenbrüstchen

2 Tauben ◦ Salz ◦ Pfeffer ◦ 1 Schweinenetz ◦ 1 EL Butterschmalz ◦ 1 EL Olivenöl

Füllung

1 Scheibe Toastbrot ◦ 1 Ei ◦ 10 g Butter ◦ 1/2 Schalotte ◦ 2 EL Pfifferlinge
1 große Trüffel ◦ 60 g Gänseleber ◦ Salz ◦ Pfeffer

Artischockenragout

2 große Artischocken ◦ 1 Zitrone ◦ 60 g Butter ◦ 1 EL Olivenöl
1 Zweiglein Thymian ◦ 1 Schalotte, fein gehackt
Salz ◦ Pfeffer ◦ 1/4 Knoblauchzehe ◦ 1 EL Sahne ◦ 2 TL Petersilie, gehackt

Sauce

Knochen von 2 Tauben ◦ 1 EL Öl ◦ 1 EL Butterschmalz ◦ 2 EL Mirepoix
1/2 TL Tomatenmark ◦ 1 Zweiglein Thymian ◦ 6–8 Pfefferkörner
1 dl Rotwein ◦ 1/4 l Geflügelbouillon (siehe Anhang) ◦ 2 EL Portwein ◦ 20 g Butter

Kartoffelpüree

2 große, mehlig kochende Kartoffeln ◦ Salz ◦ 50 g Butter ◦ 125 g Sahne ◦ Muskat
4 kleine Perlzwiebeln ◦ 1 TL Butter ◦ Salz ◦ Pfeffer ◦ Zucker

Pfifferlinge

40 kleine Pfifferlinge ◦ 20 g Butter ◦ Salz ◦ Pfeffer

Füllung

Eine Scheibe Toastbrot abrinden und in kleine Würfel schneiden. 1 Ei aufschlagen und das Brot damit übergießen. ◦ 10 g Butter in einer Kasserolle schmelzen und die fein gehackte Schalotte darin dünsten. Die würfelig geschnittenen Pfifferlinge und Trüffel dazugeben, gut andünsten, bis die Pfifferlinge kein Wasser mehr abgeben. ◦ Zu dem Toastbrot geben. Die gewürfelte Gänseleber hinzufügen, würzen und alles vorsichtig untereinander mengen.

Taubenbrüstchen

Tauben auslösen, dabei die Flügelknochen daran lassen. Die Keulen als Ganze gesondert legen. ◦ In die Taubenbrust mit einem scharfen Messer vom Flügelknochen bis zur Brustspitze eine Tasche schneiden. Mit Salz und Pfeffer würzen. ◦ Schweinenetz gut in kaltem Wasser auswässern. In jede Taubenbrust 1 EL von der Füllung geben und wieder zusammenklappen. ◦ Das Schweinenetz ausdrücken und auf einem sauberen Küchentuch ausbreiten. Je 1 Brust in das Schweinenetz einschlagen und beiseite stellen.

Artischockenragout

Die Artischocken von den Blättern befreien. Mit einem kleinen Messer das „Heu" und alles, was noch grün ist, entfernen. Es bleiben 2 schöne, weißfleischige Artischockenböden. ◦ Die Böden sofort mit einer 1/2 Zitrone abreiben und in kaltes Wasser mit ausgepresstem Zitronensaft legen. ◦ Die Artischockenböden in Würfel von 1 cm schneiden. In 20 g Butter und 1 EL Olivenöl anschwitzen. Thymian und fein gehackte Schalotte dazugeben, leicht würzen und zugedeckt langsam weich dünsten. 1/4 Knoblauchzehe und 1 EL Sahne dazugeben und noch 10 g frische Butter einrühren. Gehackte Petersilie zufügen und warm stellen.

Sauce

Die Taubenknochen in Stücke hacken und in Öl und Butterschmalz anbraten. Das Mirepoix dazugeben und ebenfalls anbraten. Auch das Tomatenmark mit anrösten. Gewürze dazugeben. ◦ Mit Rotwein ablöschen und mit Geflügelbouillon auffüllen. Einkochen lassen, passieren. Portwein dazugeben und mit kalter Butter binden.

Kartoffelpüree

Kartoffeln schälen, in Viertel schneiden und in Salzwasser weich kochen. ◦ Noch heiß durch die Kartoffelpresse drücken. ◦ Die kalte Butter mit dem Holzlöffel einrühren. ◦ Die kochende Sahne dazugeben und das Püree mit dem Schneebesen glatt rühren. Mit Salz und geriebener Muskatnuss würzen.
Die Perlzwiebelchen halbieren und mit der Schnittfläche nach unten in eine heiße Pfanne mit etwas Butter legen. Mit Salz, Pfeffer und Zucker würzen, abdecken und weich dünsten. Dann den Deckel herunternehmen und den Zwiebelchen auf der Schnittfläche Farbe geben.

Pfifferlinge

40 kleine, sauber gewaschene Pfifferlinge in 20 g Butter anschwitzen. Mit Salz und Pfeffer würzen und solange braten, bis alle Flüssigkeit ausgetreten ist.

Taubenbrüstchen

Die Taubenbrust in Butterschmalz und Olivenöl auf allen Seiten anbraten und ca. 8 Min. in den 250° C heißen Backofen stellen. Anschließend noch ein paar Min. ruhen lassen. ◦ In der Zwischenzeit die Taubenschenkel würzen und ebenfalls in Butterschmalz und Olivenöl braten.

◇ Das heiße Artischockenragout auf 4 Teller geben. ◇ Je 2 EL Kartoffelpüree, die mit je 1/2 Zwiebelchen garniert werden, daneben legen. ◇ Die Taubenbrust schräg mit einem scharfen, dünnen Messer halbieren und auf das Artischockenragout legen. ◇ Die Pfifferlinge anlegen und mit dem Taubenjus saucieren.

Variation von Ziegenkäse mit Raukensalat und schwarzen Nüssen

Ziegenkäse

30 g getrocknete Totentrompeten ◦ 120 g Ziegencamembert ◦ 1/2 frische Birne
160 g Ziegenfrischkäse (Rolle) ◦ 1 Scheibe Parmaschinken
Butter ◦ 160 g gereifter Ziegenkäse (Rolle gereift mit Asche)
1 Sträußlein gemischte Kräuter (Petersilie, Bärlauch, Schnittlauch, Kerbel), gehackt
4 schwarze Nüsse (siehe Anhang)

Raukensalat

20 schöne Raukenblätter

Vinaigrette

1 EL Rotweinessig ◦ Salz ◦ Pfeffer ◦ 1 EL Haselnussöl

Garnitur

4 TL Basilikumöl (siehe Anhang)

Die Totentrompeten in Wasser einweichen und danach klein hacken. 1 Ziegencamembert in 4 Ecken teilen und diese mit fein geschnittenen Birnenscheibchen belegen.

Vom Ziegenfrischkäse 8 kleine Portionen formen (ca. à 15 g):
4 Kugeln mit dünnen Streifen Parmaschinken umwickeln und vor dem Anrichten ganz kurz in etwas Butter anbraten. ◦ Aus den anderen 4 Teilen kleine Zylinder formen, den Käse in den Totentrompeten wälzen und ein Stückchen Strohhalm als Verzierung einstecken. ◦ Von dem Ziegenkäse in Asche 4 schöne Scheiben, etwa 1 cm dick, abschneiden. Den Rest mit den Kräutern anmachen, Kugeln formen und in den Kräutern wälzen.

Schwarze Nüsse für die Garnitur können Sie im Sommer selbst herstellen (siehe Anhang) oder Sie kaufen sie im Feinkosthandel.

◇ Jeweils 5 verschiedene Käsesorten auf dem Teller anrichten, den Raukensalat mit etwas Vinaigrette anmachen und als Sträußchen garnieren; jeweils 3–4 Scheiben der schwarzen Nüsse anlegen und mit einigen Tropfen Basilikumöl verzieren.

Pfirsich Melba mit Mandeleis und Himbeeren

Pfirsich Melba

2 Blätter Briqueteig ◦ 4 Tartelettformen (mit 8 cm Durchmesser)
20 g Butterschmalz ◦ 2 Pfirsiche ◦ 250 g frische Himbeeren
1 großer EL Tortenguss, klar ◦ Puderzucker

Himbeersauce

250 g Himbeeren ◦ 100 g Zucker ◦ 2 cl Himbeergeist

Weisses Mandeleis

125 g Sahne ◦ 125 ml Milch ◦ 75 g Zucker ◦ 80 g geröstete Mandeln
3 Eigelb ◦ etwas Milch ◦ 2 cl Amaretto

Pfirsich Melba

Die Briqueteigblätter in je 2 Teile schneiden. Die Tartelettförmchen mit Butterschmalz leicht ausbuttern. Die Briqueteigblätter einlegen. Der Teig darf unregelmäßig überstehen. Mit einem zweiten Förmchen beschweren und 3–4 Min. bei 190°C im Backofen krustig backen.

Die Pfirsiche (vorzugsweise weiße Pfirsiche) kurz im kochenden Wasser abwellen und sofort ins Eiswasser legen. ◦ Die Haut abziehen, Frucht halbieren und den Kern entfernen. ◦ Je 1/2 Pfirsich in ein Tartelett geben und mit den Himbeeren ringsum schön garnieren. ◦ Mit klarem Tortenguss abglänzen und mit Puderzucker bestreuen.

Himbeersauce

Himbeeren mit dem Zucker ca. 10 Min. kochen und anschließend durch ein Sieb passieren. Kalt stellen. ◦ Mit Himbeergeist abschmecken.

Mandeleis

Sahne, Milch, Zucker und die gerösteten Mandeln einmal aufkochen und 15 Min. ziehen lassen. Passieren und anschließend nochmals aufkochen. ◦ Eigelbe mit 1/2 Eierschale voll kalter Milch mit dem Schneebesen glatt rühren. ◦ Die kochende Mischung aus Sahne, Milch, Zucker und Mandeln langsam unter stetigem Rühren darüber gießen und zur Rose abziehen, d. h. so lange auf dem Feuer rühren, bis eine Bindung entsteht. ◦ Durch ein Sieb passieren und in der Sorbetière unter Zugabe von 2 cl Amaretto zu Eiscreme gefrieren.

◇ Die Törtchen auf Tellern anrichten, die Himbeersauce angießen und je 1 Kugel Mandeleis dazu servieren.

Mein Freund Peter und die Suppe

Wenn man gerne isst, sucht man sich Freunde, die dies auch gerne tun. Mein Freund Peter ist ein leidenschaftlicher Hobbykoch, was sich nicht zuletzt – wie auch bei mir – in einer gewissen „Gewichtigkeit“ niederschlägt. Wann immer es die Zeit erlaubt, laden wir uns gegenseitig zum Essen ein. Es war in einem Spätsommer vor etwa 20 Jahren, als wir wieder einmal bei Peter waren.
Er servierte uns eine so fantastische Rote-Beete-Suppe, dass ich diese sofort in mein Repertoire aufnahm und sie immer, wenn es dieses wunderbar süße und aromatische Gemüse gibt, auf meiner Speisekarte habe.
Mein sehr geschätzter Kollege Franz Keller senior sagte einmal über diese Suppe: „Seit der Schildkrötensuppe von Lacroix ist dies die beste Suppe, die ich je genossen habe.“
Dieser Ruhm gebührt nun eigentlich nicht mir, sondern meinem Freund Peter. Probieren Sie selbst.

Rote-Beete-Essenz mit Entenschinken

Rote-Beete-Essenz

500 g Rindfleischknochen ◦ 500 g Ochsenbrust ◦ Bouquet garni: 1 Karotte
1/2 Stange Lauch ◦ 1 Zwiebel ◦ 1/2 Tomate ◦ 1/4 Sellerieknolle
1 Bund Petersilie ◦ 1 Knoblauchzehe ◦ 1 Lorbeerblatt ◦ 10 Pfefferkörner
Zum Klären: 500 g Rinderwade ◦ 1/4 Stange Lauch
1 kleine Karotte ◦ 1/8 Sellerieknolle ◦ 1 Zwiebel ◦ 3 Eiweiß

500 g frische Rote Beete ◦ 1 l Consommé ◦ 2 TL Maisstärke ◦ 1 dl Rotwein
2 cl Balsamico-Essig ◦ Cayennepfeffer

12 Scheiben geräucherte Entenbrust ◦ 4 EL Crème fraîche

Gemüseperlen als Einlage

1 Karotte ◦ 1/4 Sellerieknolle ◦ 1 Zucchini

Rindfleischbouillon

Die Knochen und die Ochsenbrust gut waschen. Dann mit kaltem Wasser aufsetzen und einmal aufkochen lassen, abgießen und noch einmal mit kaltem Wasser abwaschen. Erneut mit 3 l Wasser aufsetzen, langsam zum Kochen bringen und abschäumen. ◦ Das Bouquet garni und die Gewürze dazugeben und ca. 2–2,5 Std. langsam ziehen lassen. Eventuell von Zeit zu Zeit etwas Wasser nachgießen. Vorsichtig abpassieren und kalt stellen. ◦ Die Rinderwade mit dem Gemüse durch die grobe Scheibe des Fleischwolfes drehen.

3 Eiweiß in einer Schüssel leicht aufschlagen und mit dem Fleisch, dem Gemüse und der kalten Bouillon vermengen. ◇ Langsam zum Kochen bringen, währenddessen ab und zu umrühren, um ein Festsetzen am Topfboden zu verhindern. Wenn die Bouillon einmal aufgekocht ist, auf kleinem Feuer ca. 2 Std. köcheln lassen und nicht mehr umrühren. Vorsichtig abpassieren.

500 g rohe Rote Beete mit dem Gemüsehobel in dünne Stäbchen hobeln, mit 1 l klarer Consommé auffüllen. ◇ Langsam zum Kochen bringen. 1 Std. ziehen lassen und wieder passieren.

Als Einlage mit dem Ausstecher kleine Gemüseperlen ausstechen und in Salzwasser blanchieren. ◇ Die klare Rote-Beete-Essenz zum Kochen bringen. ◇ Maisstärke oder Kartoffelmehl mit 1 dl Rotwein anrühren und in die kochende Essenz rühren, um sie etwas abzubinden.

◇ Mit Balsamico-Essig und Cayennepfeffer abschmecken und mit den blanchierten Gemüseperlen und den Entenbrustscheiben sowie je 1 EL Crème fraîche extra servieren.

Empfehlung

Die Ochsenbrust noch warm aufschneiden. ◇ Das Gemüse in kleine Würfel schneiden und mit Essig, Öl, Salz, Pfeffer und gehackter Petersilie als Salat anmachen. Ein wundervolles spätsommerliches Mittagessen!

Zwerg Nase

Schon oft habe ich darüber nachgedacht, woher wohl meine Leidenschaft für gutes Essen kommt.
Ein Teil ist sicherlich erbliche Veranlagung, aber eben nur ein Teil. Im Hause meiner Eltern wurde zwar gut gegessen, aber eben nur bürgerliche Gerichte.
Ich erinnere mich an eine Begebenheit, als die ganze Familie die Fleischerausstellung auf dem Stuttgarter Killesberg besuchte. Mein Vater versuchte dort neue Geschäftsverbindungen zu knüpfen. Mir war das im Alter von elf oder zwölf Jahren allerdings zu langweilig. Mein Vater merkte das wohl und gab mir etwas Geld, mit den Worten: „Geh und kaufe dir etwas zu essen."
Das war eine Freude! Wie werde ich mein Geld anlegen, war jetzt die große Frage. Ich durchstreifte die Ausstellungshallen, betrachtete Würste und Schinken – nein, das war doch zu banal. Am Hähnchengrill kam ich ins Straucheln, doch schien mir auch dies nicht die richtige Mahlzeit zu sein. Plötzlich fand ich mich vor einem französischen Stand wieder. Da gab es Wein und etwas, was ich nie gesehen hatte: Austern. Verlegen stand ich davor, mit meinem Kleingeld in der Hand. Ich war in diesem Moment der einzige Interessent, sodass der Inhaber mich auf Deutsch, mit französischem Akzent ansprach: „Na, junger Mann. 'ast du Lust auf ein paar Austern?"
Ich war so überrascht, dass ich fast willenlos dem netten Franzosen folgte. Er wies mir einen Platz an, brachte mir ein paar Austern und zeigte mir, wie man sie aß.
Danach war ich zwar nicht satt, aber ich hatte etwas Neues und Besonderes probiert.
In dem Moment, als ich die erste Auster versucht hatte, war übrigens meine Familie an dem Stand vorbeigekommen. Meine Mutter hatte die Hände über dem Kopf zusammengeschlagen und mich verständnislos angeschaut: „Also sowas, ich möchte nur wissen, wo der Bub das her hat."
Ich weiß es auch nicht. Von Escoffier, Carème oder von Rumohr hatte ich bis dahin nichts gehört. Vielleicht kam es von meinem Lieblingsmärchen „Zwerg Nase".

Das Herbstmenü

Pochierte Austern auf Lauch-
scheiben mit Ossetra Caviar und
grüner Sauce

Rotbarbe im Kartoffelgitter
auf Orangen-Koriandersauce mit
glacierten Chicoréeblättern und
grünes Korianderpüree

Kalbsbries
im Rotweinsauce auf Stein-
pilzrisotto

Rehrückenfilet im Netz
auf Pilzragout, gebratene Wirsing-
köpfle und Gänseleber-maul-
täschle

Soufflé vom Greyerzerkäse
mit herbstlichem Salat

Caramelisierter Apfel
mit hausgemachtem Vanille-
Eis

Pochierte Austern auf Lauchscheiben mit Ossetra-Caviar und grüner Sauce

Pochierte Austern

24 Austern (fines de Claires oder Belons) ◦ 2 Stangen Lauch ◦ Salz
120 g Ossetra-Caviar

Grüne Sauce

15 g Petersilie ◦ 15 g Schnittlauch ◦ 15 g Kerbel ◦ 15 g Brunnenkresse ◦ 15 g Sauerampfer
1 EL Wasser ◦ 1/2 Zitrone ◦ 1 TL Dijonsenf ◦ 100 g Crème fraîche
Salz ◦ Pfeffer ◦ Cayennepfeffer

Vinaigrette

Salz ◦ Pfeffer ◦ 1/2 TL Senf ◦ 1 EL Zitronenessig ◦ 3 EL Sonnenblumenöl

Austern

Die Austern öffnen und aus der Schale nehmen. ◦ Zusammen mit dem Austernwasser in eine kleine Kasserolle geben und ganz kurz bis zum Siedepunkt erhitzen, dann sofort zur Seite ziehen.

Lauch

Lauch schräg in 24 Scheiben schneiden und mit wenig Salzwasser ganz weich kochen.

Vinaigrette

Salz, Pfeffer, Senf und Zitronenessig mit dem Schneebesen gut verrühren. Das Öl nach und nach einrühren, sodass es eine homogene Sauce gibt.

Grüne Sauce

Die Kräuter putzen und waschen, mit einem Tuch trockentupfen und im Mixer mit 1 EL Wasser, Zitronensaft, Senf und etwas Crème fraîche fein mixen. ◦ Aus dem Mixer nehmen und durch ein feines Küchensieb streichen. Mit der restlichen Crème fraîche auffüllen, mit Salz, Pfeffer und Cayennepfeffer abschmecken.

◇ Die Lauchscheiben noch warm mit etwas Vinaigrette marinieren und auf einem Teller symmetrisch anrichten. ◦ Die Austern mit Küchenkrepp trockentupfen, auf die marinierten Lauchscheiben geben und auf jeder Auster ca. 5 g Caviar anrichten. ◦ 1 Austernschale in die Mitte des Tellers setzen und mit grüner Sauce füllen. ◦ Dazu ein gebuttertes Vollkornbrot servieren.

Rotbarbe im Kartoffelgitter auf Orangen-Koriandersauce mit glacierten Chicoréeblättern und grünem Korianderpüree

Rotbarbe

4 Filets von der Rotbarbe (à 60 g) ◦ Salz ◦ Pfeffer ◦ 1 große Kartoffel
2 EL Butterschmalz

Sauce

1 dl Orangensaft ◦ 1 dl Fischfumet (siehe Anhang) ◦ 28 Korianderkörner ◦ Salz
Cayennepfeffer ◦ 40 g Butter

Korianderpüree

1 Bund grüner Koriander (ca. 150 g) ◦ 40 g Butter ◦ Salz ◦ Pfeffer

Chicorée

2 Stauden Chicorée (24 Blätter) ◦ 2 EL Olivenöl ◦ 2 EL Orangensaft

Rotbarbe

Die Rotbarbenfilets mit Salz und Pfeffer würzen. ◦ Die Kartoffel in dünne Scheiben schneiden und die Scheiben wiederum in ca. 40 Streifen schneiden. 1-mal durch kochendes Wasser ziehen, damit die Streifen besser kleben und gitterartig auf die Hautseite der Rotbarbe legen. ◦ Dann in einer Teflonpfanne zuerst die Seite mit dem Kartoffelgitter braten. Wenn das Gitter Farbe hat, umdrehen und noch 10 Sek. auf der anderen Seite braten, herausnehmen, beiseite stellen.

Sauce

1 dl frisch gepressten Orangensaft mit den Korianderkörnern zum Kochen bringen und sirupartig einkochen, Fischfumet dazugeben und zusammen noch einmal um die Hälfte einkochen. ◦ Mit etwas Salz und Cayennepfeffer würzen und die kalte Butter mit dem Schneebesen in die kochende Sauce rühren.

Korianderpüree

Grünen Koriander in kochendem Wasser kurz blanchieren. ◦ Sofort in Eiswasser geben, damit er seine grüne Farbe behält. Ausdrücken und mit der Butter im Mixer zusammen mit etwas Salz und Pfeffer pürieren.

Chicorée

Den Chicorée putzen. Jedes Blatt mit einem feuchten Tüchlein abreiben, um eventuelle Schmutzteile zu entfernen. ◇ Die Blätter in heißem Öl kurz anbraten. Etwas Orangensaft zugeben und glacieren, d. h. ganz einkochen lassen.

◇ Je 6 Blätter auf einem heißen Teller anrichten. Die Filets mit etwas Orangensauce angießen. Das grüne Korianderpüree erwärmen und auf jedem Teller 2 TL davon anrichten.

Kalbsbries in Rotweinsauce auf Steinpilzrisotto

Kalbsbries

320 g Kalbsbries ◦ 1/2 l Court-Bouillon (siehe Anhang) ◦ Salz ◦ Pfeffer
1 EL Mehl ◦ 1 EL Butterschmalz

Steinpilzrisotto

2 EL Butter ◦ 4 EL Risottoreis (Sorte Carnaroli) ◦ 1/2 Schalotte, fein gehackt
4 kleine Steinpilze ◦ 1 dl Weißwein
Salz ◦ Geflügelbouillon ◦ 4 TL Parmesan, gerieben

Gemüsestreifen

1/2 kleine Karotte ◦ 1 kleine Stange Lauch ◦ 1 Stück Sellerieknolle (ca. 50 g)
1 TL Butter ◦ Salz ◦ Pfeffer

Sauce

1 kg Kalbsknochen ◦ 1/2 dl Erdnussöl ◦ 1 Karotte ◦ 1/8 Sellerieknolle ◦ 1 Zwiebel
1/2 EL Tomatenmark ◦ 6 Pfefferkörner ◦ 1 Lorbeerblatt
1 Zweiglein Thymian ◦ 1/2 l Kalbsfond (siehe Anhang) ◦ 1/4 l bester Rotwein
1/2 dl Portwein ◦ 20 g Butter

Garnitur

kleine Steinpilze ◦ Salz ◦ Pfeffer ◦ Butter

Bries

Das Kalbsbries wässern und die Haut entfernen. ◦ In eine Court-Bouillon legen und langsam, ca. 10 Min. sieden und dann zur Seite stellen.

Sauce

Die klein gehackten Knochen in einem gusseisernen Topf mit etwas Öl anbraten. Das in grobe Würfel geschnittene Wurzelgemüse und die Zwiebel dazugeben und ebenfalls anbraten. ◦ 1/2 EL Tomatenmark dazugeben und anrösten. Gewürze beigeben. Mit etwas Kalbsfond ablöschen und einkochen lassen. ◦ Diesen Vorgang mehrmals wiederholen, bis die Sauce einen schönen Glanz erhält. Dann den restlichen Kalbsfond aufgießen und mindestens 1,5 Std. köcheln lassen. ◦ Durch ein feines Sieb passieren und wiederum aufstellen. Dann einkochen lassen bis zu einer leicht sirupartigen Konsistenz. ◦ Rotwein und Portwein dazugeben und erneut reduzieren. Am Schluss mit einem nussgroßen Stück Butter binden.

Risotto

1 EL Butter in einer Kasserolle schmelzen. ◇ Die gehackte Schalotte, die würfelig geschnittenen Steinpilze und den Reis dazugeben und leicht anschwitzen. ◇ Mit einem Schuss Weißwein ablöschen, mit Salz würzen und unter stetigem Rühren immer wieder Geflügelbouillon dazugeben, so lange bis der Reis weich, aber noch körnig ist und eine dickflüssige Konsistenz aufweist. Dann vom Feuer ziehen. ◇ 4 TL geriebenen Parmesan, den restlichen Weißwein und 1 EL Butter darunterrühren.

Der Risotto darf auf keinen Fall mehr kochen, wenn man Parmesan untergerührt hat, da sonst der Käse klumpig wird.

Gemüsestreifen

Das in Julienne-Streifen geschnittene Gemüse in Butter dünsten und mit Salz und Pfeffer würzen.

Nun das Kalbsbries abtrocknen, in 4 gleichmäßige Stücke teilen und würzen. Leicht mit Mehl bestäuben und in Butterschmalz auf allen Seiten schön braun braten.

◇ Den Risotto mit Hilfe einer runden Ausstecherform in der Mitte des Tellers anrichten. ◇ Für die Garnitur einige schöne, kleine Steinpilze in Scheiben schneiden, mit Salz und Pfeffer würzen, anbraten und um den Risotto legen. ◇ Das Bries auf den Risotto setzen und die Gemüsestreifen obenauf legen. ◇ Vor dem Servieren die Rotweinsauce angießen.

Rehrückenfilet im Netz auf Pilzragout, gebratene Wirsingköpfle und Gänselebermaultäschle

Fleischfarce

100 g Schweinefilet ◦ Salz ◦ Pfeffer ◦ 1 Prise Piment, gemahlen
1 Prise Macis, gemahlen ◦ 50 g Sahne

Rehrückenfilet

500 g Rehrückenfilet ◦ Salz ◦ Pfeffer ◦ 2 EL Erdnussöl ◦ 4 TL von der Fleischfarce
4 Champignons ◦ 1 Schweinenetz ◦ 2 EL Butterschmalz

Pilzragout

ca. 300 g Steinpilze, Pfifferlinge, Totentrompeten usw. ◦ 40 g Butter
Salz ◦ Pfeffer ◦ Petersilie

Wirsingköpfle

4 kleine Wirsingköpfe ◦ Salz ◦ Pfeffer ◦ 50 g Butter

Gänselebermaultäschle

Gänsestopfleber, roh (80 g in 4 Teile geteilt) ◦ Salz ◦ Pfeffer ◦ 1 EL Erdnussöl
1 TL Preiselbeersaft ◦ 4 kleine Wirsingblätter, blanchiert
100 g Nudelteig (siehe Anhang) ◦ 1/2 EL zerlassene Butter

Pfeffersauce

500 g Rehknochen ◦ 3 EL Erdnussöl ◦ 1 kleine Karotte ◦ 1 finderdickes Stück
Sellerieknolle ◦ 1 Zwiebel ◦ 1 TL Tomatenmark ◦ 2 TL Preiselbeere
40 g Butter ◦ 2 cl Cognac ◦ 8 Pfefferkörner ◦ 6 Wacholderbeeren, zerdrückt
6 Pimentkörner ◦ 1 Lorbeerblatt ◦ 1 Zweiglein Thymian
1 Zweiglein Rosmarin ◦ 1 l Wildfond oder Kalbsbrühe (siehe Anhang)
1 dl Rotwein ◦ 1/2 dl Portwein ◦ 30 g Butter

Pfeffersauce

Die Rehknochen vom Rücken und die hautigen Abschnitte (Parüren) klein hacken und in einem gusseisernen Topf mit 3 EL Erdnussöl anrösten. ◦ Das in Würfel geschnittene Wurzelgemüse und die Zwiebel hinzufügen und mit anrösten. 1 TL Tomatenmark und 2 TL Preiselbeeren ebenfalls anrösten. ◦ Mit einem Schuss Cognac flambieren. ◦ Die Gewürze dazugeben und mit der Wildbrühe etwas angießen. Dann einkochen lassen, damit die Sauce einen Glanz bekommt. ◦ Diesen Vorgang einige Male wiederholen. Mit der restlichen Brühe auffüllen und mindestens 1,5 Std. köcheln lassen. ◦ Durch ein feines Sieb passieren und wieder zum Kochen bringen. Die Sauce zu einer sirupartigen Konsistenz einkochen, dann den Rotwein und den Portwein dazugeben und wieder reduzieren. ◦ Mit der Butter binden. Mit der Pfeffermühle nachwürzen.

Pilzragout

Die Pilze sauber putzen und waschen, auf einem sauberen Tuch trocknen und mit Butter in der Pfanne anschwenken. ◦ Mit Salz und Pfeffer würzen und mit etwas gehackter Petersilie bestreuen.

Wirsingköpfle

Kleine Wirsingköpfe sind beim Bauern zu haben, wenn er nach der ersten Ernte die Strünke stehen lässt. Der Wirsing treibt dann ein zweites Mal aus und bildet kleine, ganz zarte lockere Köpfe, die in 6–8 Min. weich gedünstet sind.

Die 4 Wirsingköpfle in der Mitte mit dem Messer teilen, sauber waschen (in der Salatschleuder ausschleudern) und mit Salz und Pfeffer würzen. In einem großen, flachen Topf die Butter leicht braun werden lassen und die halbierten Wirsingköpfe mit der Schnittfläche nach unten einlegen. Zudecken und langsam 6–8 Min. dünsten.

Gänselebermaultäschle

Beim Einkauf sollten Sie eine Gänseleber mit hohem Eiweißanteil verlangen. Sie hält beim Garen das Fett besser. ◦ Die Gänseleber in 4 gleichmäßige Teile teilen, mit Salz und Pfeffer würzen und kurz anbraten. Anschließend mit Preiselbeersaft bestreichen und in je 1 blanchiertes kleines Wirsingblatt einpacken.

Den Nudelteig quadratisch ausrollen und 4 kleine Quadrate (10 × 10 cm) schneiden , je 1 Gänseleberpäckchen einlegen, den Rand des Teiges mit Wasser bestreichen und zum Dreieck zusammenlegen. Ca. 1,5 Min. in kochendem Wasser garen. Mit zerlassener Butter bestreichen.

Rehrückenfilet

Zunächst die Farce herstellen: 100 g Schweinefilet in Würfel schneiden. Mit Salz, Pfeffer, Piment und Macis würzen und für 30 Min. in das Gefrierfach stellen. ◦ In der Moulinette fein mixen. 50 g Sahne einmixen und beiseite stellen. ◦ Darauf achten, dass sich das Fleisch beim Mixen nicht erwärmt, da es sonst gerinnt. ◦ Dann die Rehrückenfilets in 4 Teile à 125 g schneiden, mit Salz und Pfeffer würzen und kurz und scharf anbraten. Aus der Pfanne nehmen, mit Küchenkrepp abtupfen und eine Seite in der Mitte mit etwas Farce bestreichen. Mit den in Scheiben geschnittenen Champignons schuppenartig belegen.

Das gut ausgewässerte Schweinenetz ausdrücken und ausbreiten. In 4 große Stücke schneiden und je 1 Rückenfilet darin einpacken. ◦ Die so vorbereiteten Rückenfilets in heißem Butterschmalz auf beiden Seiten anbraten und für ca. 8 Min. in den heißen Backofen (250°C) stellen. Herausnehmen und an der offenen Ofentür ca. 5 Min. ruhen lassen.

◇ In der Zwischenzeit den Wirsing auf Tellern anrichten. ◇ 1 großen Löffel Pilzragout auflegen und die heißen Maultäschle, leicht mit Butter bepinselt, ebenfalls auf den Teller legen. Die Rehrückenfilets 1-mal schräg durchschneiden und in die Mitte setzen, mit der Pfeffersauce saucieren.

Soufflé von Greyerzerkäse mit herbstlichem Salat

Soufflé

100 ml Milch ◦ 15 g Grieß ◦ 2 Eigelb ◦ 100 g Greyerzer, gerieben ◦ 2 Eiweiß ◦ Pfeffer 20 g Butter ◦ 4 Soufflèförmchen (mit je 60 g Inhalt) ◦ 1 EL Mehl

Salat

200 g bunter Herbstsalat (Frisée-, Radiccio-, Eichblatt- und Feldsalat)

Vinaigrette

1 EL Himbeeressig ◦ 1 1/2 TL engl. Senfpulver ◦ Salz ◦ Pfeffer ◦ 3 EL Walnussöl

Das Rezept ergibt mehr Masse als für 4 Förmchen, es lässt sich aber mit geringeren Mengen nicht realisieren.

Soufflé

Milch zum Kochen bringen und den Grieß langsam einrieseln lassen. Zu einem dünnen Grießbrei kochen; vom Feuer nehmen. ◦ 2 Eigelb einrühren, 100 g geriebenen Greyerzer dazugeben und 1 1/2–2 geschlagene Eiweiß unterziehen, mit Pfeffer würzen. ◦ Die ausgebutterten Förmchen mit reichlich Mehl bestäuben. Die Masse einfüllen und im Wasserbad in den vorgeheizten Backofen bei 190°C (Unterhitze) ca. 8–10 Min. garen.

Salat

Die verschiedenen Salate mit der Vinaigrette anmachen.

◇ Das Soufflé noch heiß mit dem Salat servieren.

Karamellisierte Äpfel mit Karamellsauce und Vanille-Eiscreme

Karamellisierte Äpfel

4 große Äpfel (Rubinette oder Golden Delicious) ◦ 4 runde Auflaufformen (Durchmesser ca. 8 cm) ◦ 200 g Butterschmalz ◦ 160 g Zucker

Karamellsauce

100 g Zucker ◦ 100 g Wasser ◦ 1 cl Calvados

Vanille-Eis

125 g Sahne ◦ 1/8 l Milch ◦ 75 g Zucker ◦ Mark von 2 Vanilleschoten ◦ 3 Eigelb

Karamellisierte Äpfel

Die Äpfel schälen, (das Kernhaus ausstechen) und mit dem Gemüsehobel in dünne Scheiben hobeln. ◦ Die Auflaufform mit Butterschmalz ausbuttern und auszuckern. Die Apfelscheiben einzeln in die Form legen und zwischen jede Scheibe 1 gestrichenen Teelöffel Zucker streuen. Auf diese Weise die Form bis 1 cm über den Rand füllen. ◦ Mit dem flüssigen Butterschmalz aufgießen, auf ein Backblech stellen und im Ofen langsam ca. 60 Min. bei 190°C karamellisieren. ◦ Anschließend leicht abkühlen lassen und vorsichtig auf ein Gitter stürzen, damit die überschüssige Butter abtropfen kann.

Karamellsauce

Den Zucker in einer kleinen Stielkasserolle karamellisieren, mit dem Wasser ablöschen (Vorsicht! Da es sehr stark spritzt, besteht Verbrennungsgefahr!). ◦ Bis zur gewünschten Konsistenz einkochen und mit 1 cl gutem Calvados abschmecken.

Vanille-Eis

Sahne, Milch, Zucker und Vanillemark aufkochen. ◦ Die Eigelbe mit 1/2 Eierschale voll kalter Milch mit dem Schneebesen glatt rühren. ◦ Die kochende Mischung aus Sahne, Milch, Zucker und Vanille langsam und unter stetigem Rühren darübergießen und zur Rose abziehen, also solange auf dem Feuer lassen, bis die Eigelbe die Flüssigkeit binden. ◦ Dann durch ein Sieb passieren und in der Sorbetière zu Eiscreme gefrieren.

◇ Auf jeden Teller je 1 noch warmen Apfel setzen, mit Karamellsauce umgießen und 1 Kugel Vanille-Eis dazugeben.

Winter

Das Wintermenü

Getrüffelte Gänseleberkugel
auf einem Medaillon von Bressepoularde
mit Gelee

Filet vom wilden Steinbutt
Schwarz – Weiß

Aumoniere von Jakobsmuscheln
mit Wirsing und Perigord-Trüffel

Getrüffelte Schnepfe mit
Schnepfendreck

Briekäse mit Mascarpone
und Trüffel gefüllt

Warme Schokoladentarte
mit Zitrusfrüchten und Sorbet
von Bitterschokolade

Getrüffelte Gänseleberkugel auf einem Medaillon von Bressepoularde mit Gelee

Medaillons

2 Bressepoulardenbrüste ◦ Knochen von 1 Poularde
Bouquet garni: 1 Stück Lauch ◦ 1 Zwiebel ◦ 1/2 Karotte ◦ 1 Lorbeerblatt
3 Pfefferkörner

Gelee

8 Blatt Gelatine ◦ 3 cl Sauternes ◦ Salz ◦ Pfeffer

Gänseleberkugel

120 g Gänseleberterrine ◦ ca. 80 g schwarze Trüffeln aus dem Perigord

Salatbouquets

12 kleine Salatbouquets in Größe eines gehäuften EL
(Feld-, Frisée- und Eichblattsalat)
Vinaigrette: 1 EL Himbeeressig ◦ 3 EL Haselnussöl ◦ Salz ◦ Pfeffer

Medaillons von Bressepoularde

Die Poulardenbrüste auslösen und so zusammenbinden, dass man eine gleichmäßige, längliche „Wurst" erhält. ◦ Die Poulardenknochen klein hacken, etwas wässern und mit 1 l Wasser aufstellen. Langsam aufkochen, abschäumen und dann das vorbereitete, geputzte Bouquet garni sowie die Gewürze zugeben. Alles zusammen ca. 1 Std. köcheln lassen. ◦ Mit wenig Salz abschmecken und die „Poulardenwurst" dazugeben, ca. 15 Min. ziehen und in der Brühe erkalten lassen.
Am nächsten Tag die Brüste aus der Brühe nehmen und beiseite stellen. Die klare Bouillon langsam aufkochen und abfetten. Anschließend passieren und um die Hälfte einkochen, sodass man 1/2 l kräftige, klare Geflügelbrühe erhält. ◦ 8 eingeweichte Blatt Gelatine dazugeben und mit Sauternes sowie Salz und Pfeffer abschmecken. Kalt stellen.

Gänseleberkugel

Aus der Gänseleberterrine 4 Stück ca. 30 g schwere Kugeln formen und mit dünnen Trüffelscheiben belegen. ◦ Dann auf ein Gitter setzen und mit dem leicht aufgelösten Geflügelgelee glacieren.

Salatbouquets

Die Salatbouqets mit Haselnuss-Himbeer-Vinaigrette anmachen.

◇ Das erkaltete Gelee in feine Würfel schneiden. ◇ 1 EL gehacktes Gelee in die Mitte jedes Tellers geben. Darauf die Poulardenbrust, die in 4 runde Medaillons geschnitten wird. ◇ Anschließend 1 getrüffelte Gänseleberkugel darauf geben. ◇ Den Salat in je 3 Bouqets anlegen und mit einem warmen Brioche servieren.

Filet vom wilden Steinbutt „schwarz-weiss"

Farce

100 g Steinbuttabschnitte ◦ Salz ◦ Pfeffer ◦ Macis ◦ 50 g Sahne

Steinbutt

4 Stücke vom Steinbuttfilet (à 70 g) ◦ Salz ◦ 1/2 dl von der Fischfarce
1 Sellerieknolle (für 32 dünne Selleriescheiben à ca. 2 cm Durchmesser)
32 dünne, schwarze Perigord-Trüffelscheiben (à ca. 2 cm Durchmesser)
20 g Butter ◦ 4 EL trockener Weißwein

Selleriepüree

1 Sellerieknolle ◦ 2 dl Milch ◦ 200 g Sahne ◦ 2 x 20 g Butter ◦ Salz ◦ Pfeffer

Ravioli

100 g Nudelteig ◦ 8 TL Selleriepüree
1 TL feine Trüffelwürfelchen (schwarzer Perigord-Trüffel)
1 EL Butter

Trüffelrahmsauce

1 dl Fischfumet (siehe Anhang) ◦ 1 dl vom Steinbutt-Fond
1 dl vom Milch-Sahne-Gemisch, in dem der Sellerie gekocht wurde
1 EL Trüffelsaft ◦ Salz ◦ Pfeffer ◦ 20 g Butter
4 TL Trüffel (schwarzer Perigord-Trüffel), fein gehackt

Farce

Die in Würfel geschnittenen Steinbuttabschnitte würzen, 30 Min. ins Gefrierfach stellen und dann in der Moulinette mixen. Mit Macis würzen und nach und nach die Sahne zugeben.

Steinbutt

Die Steinbuttstücke mit Salz würzen, mit der Farce auf einer Seite dünn bestreichen. ◦ Abwechselnd mit den weißen Selleriescheiben und den schwarzen Trüffelscheiben schuppenartig belegen. Kalt stellen.

Nach Herstellung des Selleriepürees und der Ravioli die vorbereiteten Steinbuttstücke vorsichtig mit der Schuppenseite nach oben in eine flache, gebutterte Kasserolle legen und mit dem Weißwein angießen. ◦ Einmal aufkochen lassen und zugedeckt am Herdrand noch ca. 10–12 Min. ziehen lassen.

Selleriepüree

Den restlichen Sellerie in Milch-Sahne-Gemisch weich kochen, abgießen und das Milch-Sahne-Gemisch beiseite stellen. ◇ Den weich gekochten Sellerie in der Moulinette mit den zwei Butterstücken zu einem feinen Püree mixen, mit Salz und Pfeffer würzen und warm stellen.

Ravioli

Aus dem Nudelteig 8 dünne Teigplatten herstellen (ca. 6 × 6 cm). Diese mit Selleriepüree und Trüffelwürfelchen füllen, zu Ravioli formen und ganz kurz in siedendem Salzwasser kochen. ◇ Herausnehmen und mit Butter bepinseln.

Trüffelrahmsauce

Fischfumet und den Fond vom Dünsten des Steinbutts in einer Kasserolle um die Hälfte reduzieren. 2 EL Milch-Sahne-Gemisch dazugeben und wiederum um die Hälfte reduzieren. ◇ Trüffelsaft dazugeben. Mit Salz und Pfeffer würzen und ca. 20g Butter mit dem Stabmixer einmixen. ◇ Am Schluss 4 TL fein gehackte Trüffel dazugeben.

◇ Den Steinbutt auf den Tellern anrichten. ◇ 1 kleinen EL Selleriepüree neben den Steinbutt legen. Die gegarten Ravioli dazugeben und mit der Trüffelrahmsauce saucieren.

Aumonière von Jakobsmuscheln mit Wirsing und Perigord-Trüffeln

Wirsinggemüse

2 Wirsingblätter ◦ 20 g Butter ◦ Salz ◦ Pfeffer

Jakobsmuscheln

8 Jakobsmuscheln ◦ Salz ◦ Pfeffer ◦ 1 EL Erdnussöl ◦ 8 Trüffelscheiben
2 Wirsingblätter ◦ 2 Maisteigblätter (Filoteig) ◦ 50 g Butterschmalz

Sauce

8 Bärte der Jakobsmuscheln ◦ 20 g Butter ◦ 1/2 Schalotte ◦ 2 Champignons
1/2 dl Weißwein ◦ 1/2 dl Fischfumet oder Geflügelbrühe (siehe Anhang)
4 EL Sahne ◦ 20 g Butter ◦ Salz ◦ Cayennepfeffer
2 cl Noilly Prat (trockener Wermut)

Wirsinggemüse

2 Wirsingblätter fein schneiden und in Butter dünsten. ◦ Mit Salz und Pfeffer abschmecken, beiseite stellen.

Jakobsmuscheln

Die Jakobsmuscheln aus der Schale lösen. ◦ Die Bärte entfernen und beiseite legen. Gut wässern. ◦ Die Muscheln mit Küchenkrepp trockentupfen, mit Salz und Pfeffer würzen und kurz und scharf in heißem Öl anbraten. ◦ Herausnehmen und oben und unten jeweils mit 1 Scheibe Trüffel belegen.

2 Wirsingblätter halbieren, blanchieren, zwischen zwei Tücher legen, mit dem Rollholz glatt rollen, leicht würzen und je 1 getrüffelte Jakobsmuschel in das Wirsingblatt einpacken.

Den Filoteig (im Feinkosthandel erhältlich) in 4 Quadrate schneiden, mit Butterschmalz bestreichen und je Quadrat mit einer in die Wirsingblätter eingepackten Jakobsmuschel belegen. Die Ecken nach oben heben und zu einem Beutel formen. ◦ Auf ein gebuttertes Backblech legen, mit Butterschmalz bepinseln und beiseite stellen.

Sauce

Die Bärte der Muscheln gut auswaschen, sodass kein Sand mehr darin ist. Gut abtrocknen.
In eine Kasserolle 20 g Butter geben. Fein gehackte Schalotte und Champignons darin weich dünsten, dann die Bärte dazugeben und anschwitzen. Mit Weißwein und Fischfumet (oder Geflügelbrühe) auffüllen und ca. 10 Min. kochen lassen. ◇ Passieren und auf etwa 1/2 dl reduzieren. 4 EL Sahne dazugeben, nochmals reduzieren. Dann mit Butter aufmixen, mit Salz und Cayennepfeffer sowie einem Schuss Noilly Prat abschmecken. Warm stellen.

Die Aumonières in den auf 220°C vorgeheizten Backofen stellen und in ca. 4 Min. goldbraun backen. ◇ Die übrigen 4 Jakobsmuscheln in 12 Scheiben schneiden, mit Salz und Pfeffer würzen und kurz und scharf mit etwas Butterschmalz braun braten.

◇ Die geschnittenen und gedünsteten Wirsingblätter in die Mitte des Tellers legen, je 1 Aumonière darauf setzen und mit den gebratenen Muscheln umlegen. Saucieren und mit dem Trüffelhobel ein paar Scheiben rohe Trüffel darüber hobeln.

Getrüffelte Schnepfe mit Schnepfendreck

Schnepfendreck

Innereien der 4 Schnepfen ◦ 20 g Butter ◦ 1 Schalotte ◦ 1 cl Cognac ◦ Salz ◦ Pfeffer
Thymianblüten ◦ 4 TL Trüffel (schwarzer Perigord-Trüffel), fein gehackt
1 Knoblauchzehe ◦ 2 Eigelb ◦ 2 TL Weißbrotbrösel

Sauce

Hals und Magen der 4 Schnepfen ◦ 1 Schalotte ◦ 1/4 Karotte ◦ 50 g Sellerieknolle
1 EL Erdnussöl ◦ 5 Pfefferkörner ◦ 5 Wacholderbeeren
Thymian ◦ Rosmarin ◦ 1 TL Tomatenmark ◦ 1 cl Cognac ◦ 1/2 dl Rotwein
1/2 cl Portwein ◦ 1 dl Geflügelfond oder Wildfond (siehe Anhang)

Getrüffelte Schnepfen

4 ganze Schnepfen ◦ Salz ◦ Pfeffer ◦ 1 EL Butterschmalz ◦ 2 EL Erdnussöl
2 cl Trüffelsaft
4 TL Trüffelwürfelchen (schwarzer Perigord-Trüffel)

Gewürzbutter

20 g Butter ◦ 1 Zweiglein Thymian ◦ 1 Zweiglein Rosmarin ◦ 5 Wacholderbeeren
10 Pfefferkörner ◦ 1/2 Knoblauchzehe

Croûtons

4 runde Weißbrot-Croûtons ◦ Schnepfendreck ◦ Butter ◦ je Croûton 1 Prise
Parmesan, gerieben ◦ 4 Trüffelscheiben

Schnepfendreck

Die Schnepfe hat die Eigenschaft, dass sie sich beim Auffliegen komplett entleert. Zudem besitzt sie keine Galle. Daher kann man außer Herz und Leber auch den gesamten Darmtrakt essen.
Man nimmt die Innereien und hackt sie mit einem Messer auf dem Küchenbrett ganz klein. ◦ In der Kasserolle erhitzt man 20 g Butter und schwitzt die fein gehackte Schalotte darin an. Nun gibt man die gehackten Innereien dazu und erhitzt sie, bis kein rohes Blut mehr austritt. Das Ganze wird mit 1 cl guten Cognacs abgelöscht und flambiert.
Anschließend wird mit Salz, Pfeffer und ein paar Thymianblüten gewürzt, dann das Ganze vom Feuer gezogen. ◦ Die Trüffelwürfelchen, die zerdrückte Knoblauchzehe, 2 Eigelb sowie die Weißbrotbrösel dazufügen. Ruhen lassen und warm stellen.

Sauce

Schnepfenhälse und -mägen werden klein geschnitten, das Gemüse klein gewürfelt und alles zusammen in Erdnussöl angeröstet. ◇ Nun die Gewürze und das Tomatenmark zugeben, leicht bräunen und mit Cognac flambieren. ◇ Zum Schluss mit Rotwein, Portwein sowie Geflügelfond ablöschen und köcheln lassen.

Schnepfen

Nachdem die Schnepfen ausgenommen sind, werden die Köpfe abgezogen und in zwei Teile geteilt. ◇ Die Schnepfen würzen und in Butterschmalz und Öl auf allen Seiten gut anbraten und für 5 Min. in den 250 °C heißen Ofen stellen. Herausnehmen. ◇ Die Gewürzbutter herstellen und die Schnepfen darin nachbraten. Herausnehmen und auslösen.

Die 8 Brüste und Keulen auf einen warmen Teller warm stellen.

Die 8 Kopfhälften mit der Schnittfläche in der Gewürzbutter braten. ◇ Sie und die Schnepfenkarkassen schnell klein hacken und in die Sauce geben. Gut durchkochen, passieren, reduzieren und mit Butter binden. ◇ Anschließend Trüffelsaft und Trüffelwürfel dazugeben.

Croûtons

Die 4 Croûtons dick mit Schnepfendreck bestreichen, etwas Butterflocken und geriebenen Parmesan darüber geben und unter dem Salamander bräunen.

◇ Die Schnepfen auf Tellern anrichten, je 1 Croûton mit Schnepfendreck dazugeben, mit der Trüffelsauce begießen und einige Trüffelscheibchen (ca. 40 g) darüber hobeln.

Ein lockeres Kartoffelpüree ist die ideale Beilage.

Briekäse mit Mascarpone und Trüffel gefüllt

ca. 250 g Tortenbrie ◦ ca. 100 g Mascarpone ◦ 40 g Trüffel

Den Brie quer in der Mitte teilen. ◦ Den Mascarpone mit den fein gewürfelten Trüffeln vermengen, dick auf die eine Hälfte des Käses aufstreichen, die andere Käsehälfte darauf setzen und das Ganze in Frischhaltefolie verpacken.

2 Tage ruhen lassen.

◇ Vor dem Servieren mindestens 2 Stunden bei Zimmertemperatur stehen lassen. Mit dem Trüffelhobel einige Trüffelscheibchen darüber hobeln.

Warme Schokoladentarte mit Zitrusfrüchten und Sorbet von Bitterschokolade

Schokoladentarte

2 Eier ◦ 85 g Zucker ◦ 1 EL Wasser ◦ 25 g Mehl ◦ 60 g flüssige Butter
150 g Bitterschokolade (mind. 70% Kakaoanteil)
4 Tartelettförmchen (mit 10 cm Durchmesser) ◦ Butter ◦ Mehl für Förmchen

Zitrusfrüchte

1 Orange ◦ 1 Grapefruit ◦ 1 Limone ◦ 1 Mandarine

Vanillesauce

125 g Sahne ◦ 1/8 l Milch ◦ 30 g Zucker ◦ 1 Vanilleschote ◦ 3 Eigelb

Schokoladensorbet

1/4 l Wasser ◦ 25 g Kakaopulver ◦ 90 g Zucker ◦ 100 g Bitterschokolade

Garnitur

100 g Bitterschokolade

Schokoladentarte

Eier, Zucker, Wasser vermischen und im Wasserbad mit dem Schneebesen warm aufschlagen; anschließend auf Eis kalt schlagen.

Mehl, flüssige Butter und 150 g geschmolzene Schokolade mit dem Schneebesen gut unterschlagen.

Die 4 Tartelettformen buttern und mit Mehl bestäuben, die Masse auf alle 4 Formen verteilen und beiseite stellen. ◦ Nach Zubereitung von Vanillesauce, Sorbet und Schokoladenblättern die Tarte ca. 7 Min. bei 190°C backen.

Zitrusfrüchte

Früchte mit einem scharfen Officemesser filieren und abwechselnd zu einem Kreis auf die Teller legen.

Vanillesauce

Sahne, Milch, Zucker und Vanilleschote kochend auf die aufgeschlagenen Eigelbe gießen, anschließend in den Topf zurückgießen und zur Rose abziehen. Passieren und erkalten lassen.

Schokoladensorbet

Wasser, Kakaopulver und Zucker aufkochen. ◇ Auf die gehackte Schokolade gießen, gut durchrühren, passieren und anschließend in der Eismaschine gefrieren.

Schokoladenblätter für die Garnitur

100 g Bitterschokolade im Wasserbad schmelzen und dünn auf ein Backpapier streichen. ◇ Erkalten lassen, damit man dünne Schokoladenblätter erhält.

◇ Die Schokoladentarte nach dem Backen vorsichtig auf ein breites Backhorn stürzen und in der Mitte des Tellers, zwischen den Zitrusfrüchten, anrichten. ◇ Die noch heiße Tarte mit den wahllos gebrochenen Schokoladenblättern belegen, damit sie schmelzen.

Mit Vanillesauce umgießen und 1 Kugel Schokoladensorbet dazu servieren.

Der Sonntagsbraten

Gerichte wie das Folgende geraten leider immer mehr in Vergessenheit; dies liegt wohl zum einen an der „neuen Küche“, zum anderen am so genannten „life style“, der auch die Haute cuisine in vielen Bereichen prägt. Kurz Gebratenes, nichts Aufgewärmtes sind hier die Maximen, obgleich ein Sonntagsbraten eine unvergleichliche Köstlichkeit sein kann. Das Haus wird von einem wundervollen Duft erfüllt und es ist eine Freude, den Braten beim Servieren zu zelebrieren, indem man ihn ganz auf den Tisch bringt und ihn dort aufschneidet.
Das Aroma und die Vorfreude auf dieses schöne Stück Fleisch sind bedauerlicherweise zu einer Seltenheit geworden.
Wilhelm Busch hat dem „guten Braten“ treffliche Verse gewidmet:

Es wird mit Recht ein guter Braten
gerechnet zu den guten Taten,
und dass man ihn gehörig mache,
ist weibliche Charaktersache.

Ein braves Mädchen braucht dazu
mal erstens reine Seelenruh',
dass bei Verwendung der Gewürze
sie sich nicht hastig überstürze.

Dann zweitens braucht sie Sinnigkeit,
ja, sozusagen, Innigkeit,
damit sie alles appetitlich,
bald so, bald so und recht gemütlich
begießen, drehn und wenden könne,
dass an der Sache nichts verbrenne.

In Summa braucht sie Herzensgüte,
ein sanftes Sorgen im Gemüte,
fast etwas Liebe, insofern,
für all die hübschen, edlen Herrn,
die diesen Braten essen sollen
und immer gern was Gutes wollen.

Ich weiß, dass hier ein jeder spricht:
Ein böses Mädchen kann es nicht,
drum hab' ich mir auch stets gedacht
Zu Haus und anderwärts:
wer einen guten Braten macht,
hat auch ein gutes Herz.

Rinderschmorbraten mit Kalbsfusswürfeln

Rinderschmorbraten

1,2 kg Rindfleisch vom Bugblatt ◦ Salz ◦ Pfeffer ◦ 3–4 EL Erdnussöl
500 g Kalbsknochen ◦ 1/2 Kalbsfuß ◦ 2 Zwiebeln
2 kleine Karotten ◦ 2 Stück Sellerieknolle ◦ 2 TL Tomatenmark
10 Pfefferkörner ◦ 2 Lorbeerblätter ◦ 1 Nelke
1 Zweiglein Thymian ◦ 1 l Kalbsbrühe (siehe Anhang)
1 Flasche bester Spätburgunder

Geschmortes Gemüse

2 kleine Karotten ◦ 4 kleine weiße Rüben ◦ 1/4 Sellerieknolle
16 Stück frische Perlzwiebeln ◦ 1 große, gelbe Butterrübe
1 EL Butter

Kartoffelklösse

500 g Kartoffeln (vorwiegend fest kochende) ◦ 1 EL Mehl ◦ 1 Ei ◦ Salz ◦ Muskat
Weißbrotwürfel von 1 Scheibe Toastbrot ◦ Butter
Zum Schmälzen:
60 g Butter ◦ 2 EL Brotbrösel (Paniermehl)

Achten Sie beim Kauf des Fleisches – unabhängig davon, ob Rind, Kalb, Lamm oder Schwein – darauf, dass Sie fettes Fleisch bekommen. Denn fettes Fleisch hat meist die beste Qualität. Das Fett muss weiß und fest sein.

Bereiten Sie das Gericht mit Fett zu und schneiden Sie es vor dem Servieren weg. ◦ Sie werden vom intensiven Fleischgeschmack begeistert sein.

Rinderschmorbraten

Das Rindfleisch mit Salz und Pfeffer würzen und in einem gusseisernen Topf mit Öl auf allen Seiten braun anbraten. Herausnehmen. ◦ Die Kalbsknochen und den Kalbsfuß in den Topf geben und gut anbraten. Gehackte Zwiebeln und das würfelig geschnittene Wurzelgemüse dazugeben und mit 2–3 TL Tomatenmark anrösten. ◦ Gewürze dazugeben, mit der Kalbsbrühe ablöschen und einkochen lassen. Diesen Vorgang mehrfach wiederholen, um der Sauce Glanz zu geben. ◦ Den Braten wieder in den Topf zu dem Saucenansatz geben, mit der restlichen Brühe und einer Flasche vom besten Badischen Spätburgunder aufgießen. ◦ Bei milder Hitze ca. 1,5–2 Std. schmoren lassen.

Wenn das Fleisch weich ist, vorsichtig mit dem Schaumlöffel herausnehmen. ◇ Die Kalbsfußstücke ebenfalls herausnehmen und die Sauce durch ein Sieb passieren. ◇ Wieder auf den Herd stellen und zu einer leicht sirupartigen Konsistenz einkochen lassen.

Geschmortes Gemüse

In der Zwischenzeit das in schöne gleichmäßige Form geschnittene Gemüse in Butter dünsten.

Die weich gekochte Haut des Kalbsfußes von den Knochen nehmen, in Würfel schneiden und in die Sauce geben, das angedünstete Gemüse ebenfalls in die Sauce geben und zusammen mit dem Braten noch ca. 15 Min. schmoren.

Kartoffelklösse

Die Kartoffeln am Abend vorher als Pellkartoffeln kochen und abschütten. Im Topf lassen, ein Tuch darüber legen und einen Topfdeckel auflegen. ◇ Die Kartoffeln am Morgen schälen und mit der Kartoffelpresse durchpressen. 1 gehäuften EL Mehl und 1 Ei untermengen. Dies ergibt einen festen Kartoffelteig. Mit Salz und Muskat würzen.

Klöße formen, ein paar Brotcroûtons in die Mitte einrollen und in siedendes Wasser geben. ◇ Wenn die Klöße oben schwimmen und sich von selbst drehen, sind sie fertig. ◇ Herausnehmen und mit den in Butter gerösteten Brotbröseln schmälzen.

◇ Den Braten in Scheiben schneiden und die Sauce mit den Kalbsfüßen und den Gemüsen darübergeben. Dazu die Klöße reichen.

Ein richtiges Festessen, das leider, wie so viele der einfachen bürgerlichen Gerichte, in Vergessenheit gerät.

Einige Basisrezepte

Spargelsud

1 l Wasser ◦ 30 g Butter ◦ 1 EL Salz ◦ 1 TL Zucker ◦ Spargelschalen

Alles zusammen in einer Kasserolle aufs Feuer setzen. ◦ Zum Kochen bringen, ca. 20 Min. sieden lassen und durch ein Sieb passieren.

Sauce Béchamel

20 g Butter ◦ 20 g gesiebtes Mehl ◦ 1/8 l Milch ◦ 1/8 l Spargelsud oder Geflügelbrühe Salz ◦ Pfeffer ◦ Muskat ◦ 50 g Sahne ◦ Butter

In einer Kasserolle die Butter schmelzen. Das Mehl einstreuen und anschwitzen, d. h. das Mehl muss leicht schäumen. ◦ Die Mehlschwitze sofort vom Feuer nehmen und auf eine kalte Marmorplatte oder in ein kaltes Wasserbad stellen.
In der Zwischenzeit Milch und Brühe zusammen aufkochen und kochend mit dem Schneebesen in die helle Mehlschwitze rühren. ◦ Abschmecken. ◦ Ca. 20 Min. köcheln lassen und mit einem Holzspachtel stetig am Boden der Kasserolle rühren. ◦ Eventuell 50g Sahne und 1 TL frische Butter einrühren. ◦ Durch ein Sieb passieren und bis zum Gebrauch in einer mit Folie abgedeckten Schüssel im Kühlschrank aufbewahren.

Mirepoix oder Röstgemüse

Karotten ◦ Sellerie ◦ Petersilienwurzel ◦ Lauch ◦ Zwiebel

Wurzelgemüse sowie etwas Lauch und Zwiebel in 1 – 2 cm große Würfel schneiden.
1 Teil Wurzelgemüse zu 1 Teil Zwiebeln ist das richtige Verhältnis zum Ansetzen von Saucen.
Wird das Mirepoix für eine Knochenbrühe verwendet, ist die Menge des Gemüses abhängig von der Menge der verfügbaren Knochen; für 1 kg Knochen wird z. B. 300 g Mirepoix benötigt.
Die Größe der einzelnen Gemüsestückchen richtet sich nach den Knochen; sie sollten in der Größe einander angepasst sein.

Tomatenconfit

Tomaten ◦ Salz ◦ Pfeffer ◦ Zucker ◦ Thymianblüten ◦ Olivenöl ◦ Knoblauch

Bei schönen, reifen Tomaten wird der Stielansatz ausgeschnitten. ◦ Mit einem scharfen Messer wird die Haut auf 1 – 2 cm Länge über das Kreuz eingeschnitten und auf einem Schaumlöffel für ca. 10 Sekunden in kochendes Wasser gehalten. Sofort herausnehmen und in Eiswasser legen. Jetzt kann man den Tomaten die Haut dünn abziehen. ◦ Die so vorbereiteten Tomaten in 4 Teile schneiden, die Kerne entfernen und die Tomaten auf ein Backblech legen. ◦ Mit Salz, Pfeffer, etwas Zucker, sowie ein paar Thymianblüten bestreuen und mit Olivenöl, welchem man etwas zerdrückten Knoblauch hinzugefügt hat, bei ca. 90°C bei Umluft im Ofen 2 Std. trocknen lassen.

Die Tomaten erhalten durch den Wasserentzug ein schönes, intensives Aroma und lassen sich so im Kühlschrank einige Tage in einer Frischhaltedose aufbewahren.

Gemüsebrunoise

Karotten ◦ Sellerie ◦ Lauch ◦ Petersilienwurzel ◦ Zucchini ◦ Salz

Gemüsebrunoise ist eine Garnitur, die häufig Verwendung findet bei Saucen, Vinaigretten, Salat und Suppen. ◦ Der Bedarf ist unterschiedlich; für 5 EL Brunoise sollten Sie von jeder Gemüsesorte 1 EL schneiden.
Das Wurzelgemüse, aber auch die Zucchini mit ihrer schönen, grünen Schale in feinste Würfelchen – je nach Bedarf 1–5 mm groß – schneiden. ◦ Im Salzwasser gar kochen und im Eiswasser erkalten lassen, damit das Gemüse die schöne bunte Farbe behält. ◦ Abtropfen lassen und im Kühlschrank zur weiteren Verwendung bereit halten.

Basilikumöl

1 Bund Basilikum ◦ 1 TL Meersalz ◦ Olivenöl

Beim Basilikum die Stiele entfernen und die Blätter auf einem Küchenbrett mit einem großen Messer, unter Zugabe von 1 TL Meersalz, hacken. Das so vorbereitete Basilikum in den Mixer geben und, mit bestem Olivenöl bedeckt, fein durchmixen.

Anschließend in ein Einweckglas geben und im Kühlschrank aufbewahren. Dasselbe kann man auch mit Petersilie, Bärlauch oder anderen grünen Kräutern machen. Das Öl hält sich im Kühlschrank ca. 4–6 Tage.

Fischfumet

1/2 Stange Lauch ◦ 1 Zwiebel ◦ 1 Stück Sellerieknolle, fingerdick geschnitten
5 frische Champignons, in Scheiben geschnitten ◦ 40 g Butter
1 kg Fischgräten und Fischköpfe ◦ etwas Thymian ◦ 1 Lorbeerblatt ◦ 6 Pfefferkörner
1/4 l trockener Weißwein

In einem großen Topf das in Würfel geschnittene Gemüse und die Champignons in Butter anziehen lassen. ◦ Den Fischköpfen die Kiemen entfernen und zusammen mit den Gräten gut wässern. Die Gewürze unter die gewaschenen und abgetrockneten Gräten und Köpfe mengen und mit 1/4 l Weißwein angießen. Mit Wasser bedecken. ◦ Zum Kochen bringen und ca. 20 Min. leise köcheln lassen. ◦ Durch ein feines Sieb passieren, in Weckgläser füllen und einwecken oder in Eiswürfelförmchen eingießen. ◦ Wenn die Würfel gefroren sind, in Gefrierbeutel füllen und tiefkühlen.

Geflügelfond oder Geflügelbouillon

1 kg Geflügelknochen ◦ 1/2 Stange Lauch ◦ 1 kleines Sträußchen Petersilie
1 Stück Sellerieknolle, fingerdick geschnitten oder 2 Stängel Staudensellerie
1 Blatt Weißkraut ◦ 1 geschälte Zwiebel ◦ 1 Lorbeerblatt
1 Nelke ◦ 10 Pfefferkörner

Die Geflügelknochen klein hacken und gut wässern. ◦ In einen Topf geben und mit Wasser bedecken. Langsam zum Kochen bringen. ◦ Das Bouquet garni dazugeben und ca. 1–1,5 Std. sieden lassen. ◦ Vorsichtig durch ein Sieb passieren, damit die Bouillon klar bleibt.

Zur Aufbewahrung so verfahren wie beim Fischfumet.

Wildfond

1 kg Wildknochen ◦ 2–4 EL Erdnussöl ◦ ca. 300 g Mirepoix ◦ 2 TL Tomatenmark
1 EL Preiselbeeren ◦ 10 Wacholderbeeren ◦ 10 Pfefferkörner
5 Pimentkörner ◦ 1 Lorbeerblatt
1 Nelke ◦ 1 kleines Zweiglein Thymian ◦ 1 kleines Zweiglein Rosmarin
1/2 Flasche kräftiger Rotwein

Die Wildknochen in ca. 2 cm große Stücke hacken und in Erdnussöl in einem gusseisernen Bräter anbraten. ◦ Ca. 300 g Mirepoix dazugeben und leicht anrösten. ◦ Tomatenmark und Preiselbeeren hinzufügen sowie Wacholderbeeren, Pfefferkörner, Pimentkörner, Lorbeerblatt, Nelke, Thymian und Rosmarin. ◦ Mit 1/2 Flasche Rotwein angießen, etwas reduzieren lassen und mit Wasser bis 2 cm über die Knochen auffüllen. Ca. 2 Std. köcheln lassen. Passieren und zur Weiterverarbeitung wie die vorhergehenden Fonds konservieren.

Aspik oder Gelee

2 Eiweiß ◦ Eiswürfel ◦ 250 g mageres, gehacktes Rindfleisch von der Wade
3 EL rohe Gemüsebrunoise ◦ 1 Schalotte
1 l klarer Geflügelfond ◦ 8 Blatt Gelatine ◦ Salz ◦ Pfeffer
1 dl Portwein oder 1 dl Sauternes

Das Eiweiß mit dem Schneebesen leicht aufschlagen. ◦ Mit ein paar Eiswürfeln, dem gehackten Rindfleisch, der Gemüsebrunoise und der fein gehackten Schalotte vermengen, in den Geflügelfond geben und langsam zum Kochen bringen, wobei man von Zeit zu Zeit auf dem Boden des Topfes mit einem Holzspatel rührt. ◦ Wenn die Consommé aufgekocht hat, nicht mehr rühren. Das Fleisch mit den Gemüsen schwimmt nun als „Kuchen" obenauf. Ca. 1,5 Std. köcheln lassen, vorsichtig passieren. 1/2 l der so erhaltenen Consommé mit der eingeweichten Gelatine versetzen, mit Salz und Pfeffer würzen und je nach gewünschter Geschmacksrichtung weißen Portwein oder Sauternes dazugeben.

In eine Terrine gießen und bis zum Gebrauch im Kühlschrank aufbewahren.

Court-Bouillon (für Fleisch und Innereien) oder die „kurze" Bouillon

3 l Wasser ◦ 3 EL Meersalz ◦ 1 Stange Lauch ◦ 1 Stück Sellerieknolle, ca. fingerdick
3 mittelgroße Karotten ◦ 3 Zwiebeln
1 Bund Petersilie ◦ 15 Pfefferkörner ◦ 2 Nelken ◦ 3 Lorbeerblätter

Alles zusammen zum Kochen bringen und ca. 30 Min. sieden lassen. ◦ Anschließend passieren.

Court-Bouillon für Krustentiere

3 l Wasser ◦ 3 EL Meersalz ◦ 1 Stange Lauch ◦ 1 Stück Sellerieknolle, ca. fingerdick
3 mittelgroße Karotten ◦ 3 Zwiebeln ◦ 1 Bund Petersilie
15 Pfefferkörner ◦ 2 Nelken ◦ 3 Lorbeerblätter ◦ 1 EL Kümmel
einige Dillkronen

Alles zusammen zum Kochen bringen und ca. 30 Min. sieden lassen. ◦ Anschließend passieren.

Nudelteig

125 g Weizenmehl (Typ 405) ◦ 125 g Dunst ◦ 2 Eigelb ◦ 2 Eier (à ca. 60 g)
1 EL Sonnenblumenöl ◦ 1 Prise Salz

Mehl und Dunst (in jeder Mühle erhältlich) in der Rührmaschine mischen. ◦ Eigelb, Eier, Öl und Salz hinzufügen und zu einem festen, glatten Teig kneten. ◦ Mit Frischhaltefolie abdecken und mindestens 2 Std. im Kühlschrank ruhen lassen.

Läuterzucker

1/2 l Wasser ◦ 500 g Kristallzucker ◦ 1 Vanilleschote (längs aufgeschnitten)

Alle Zutaten zusammen aufkochen. ◦ Den Läuterzucker heiß in Weckgläser füllen und bis zum Gebrauch im Kühlschrank aufbewahren.

Schwarze Nüsse

Walnüsse mit grüner Schale ◦ Wasser ◦ Zucker
Zitrone ◦ Zimtstange ◦ Nelke

Die beste Zeit, um schwarze Nüsse einzumachen, ist vor „Johanni", d. h. vor dem 24. Juni. Um diese Zeit hat sich die Walnuss schon ganz entwickelt, ist aber noch durch und durch weich. Dennoch sollte man die Nüsse, bevor man sie verwendet, zur Probe mit einer Nadel durchstechen, ob sich der harte Schalenkern schon entwickelt hat. Wenn dies der Fall ist, sollte man die Nuss nicht mehr verwenden. ◦ Die Nüsse sollten übrigens gepflückt, nicht von den Ästen geschüttelt oder abgeschlagen werden. Ihre makellose grüne Schale darf keine Verletzungen haben.

Die Schale der Nüsse wird mehrmals mit einer Nadel eingestochen und dann in kaltes Wasser gelegt. ◦ Man lässt sie danach 14 Tage stehen, wobei man täglich das Wasser wechselt. ◦ Nach etwa 2 Wochen sind die Nüsse schwarz und alle Bitterstoffe ausgewaschen. Nun gibt man sie zum Abtropfen in ein Sieb. ◦ Anschließend werden sie erneut mit Wasser bedeckt und weich gekocht, bis sie beim Einstechen mit einer Nadel von selbst wieder langsam von ihr abrutschen. ◦ Das Kochwasser wird dann weggeschüttet.

Nun wird ein Läuterzucker bereitet und zwar gerade so viel, dass die Nüsse davon bedeckt sind. ◦ Legen Sie zunächst testweise die Nüsse in einen Topf und messen Sie mit Hilfe eines Messbechers ab, wie viel Wasser Sie benötigen, damit alle Nüsse bedeckt sind.

Pro Liter Wasser nimmt man 750 g Zucker, Schale und Saft von 1/2 Zitrone, 1/2 Zimtstange und 1 Nelke. ◦ In diesem Läuterzucker lässt man die Nüsse 5 Min. kochen, füllt das Ganze in eine Schüssel um und lässt es zugedeckt 3–4 Tage stehen. ◦ Nun werden die Nüsse in Einmachgläser gefüllt. Den Sirup lässt man noch etwas einkochen, auskühlen und gibt ihn dann kalt über die Nüsse.
Die Gläser werden verschlossen und 20 Min. im Einmachtopf bei 100 °C gekocht.
Zu genießen sind die Nüsse erst nach 3–4 Monaten, dafür sind sie aber über Jahre haltbar. ◦ Schwarze Nüsse sind übrigens eine wunderbare Beilage zu gekochtem Ochsenfleisch.

Einige Petit Fours

Schmandtorte

Zutaten für 120 g Mürbteig für Tarteletts (siehe Mürbteig-Rezept)
4 Tartelettförmchen (ca. 10 cm Durchmesser) ◦ Butter ◦ Kerabohnen

375 g Schmand (oder Saure Sahne 20% Fett) ◦ 35 g Zucker ◦ 30 g Vollei
10 g Speisestärke ◦ 1 Prise Salz
abgeriebene Schale von 1/2 Zitrone

Den Mürbteig dünn ausrollen und die leicht gebutterten Förmchen damit auslegen. ◦ Den Teig mit Aluminiumfolie abdecken und trockene Kerabohnen darauf legen, um zu verhindern, dass der Teig beim Backen aufgeht. ◦ Diese Teigförmchen bei 180 °C ca. 15 Min. „blind" backen. Herausnehmen und die Folie mit den Bohnen entfernen.
Nun die Füllung für diese „blind" gebackenen Tarteletts herstellen: Schmand, Zucker, Vollei, Speisestärke, Salz und Zitronenschale werden in einer Schüssel mit dem Schneebesen glatt gerührt. Anschließend werden die Tarteletts damit gefüllt und ca. 12 Min. bei 180 °C gebacken. Danach 30 Min. in den Kühlschrank stellen, aus den Förmchen nehmen und jedes Törtchen in 12 kleine Kuchenstücke schneiden.

Mürbteig für Tarteletts

125 g Mehl ◦ 50 g Puderzucker ◦ 50 g Butter ◦ 1 Prise Salz ◦ 1 Ei

Das Mehl auf ein Backbrett sieben, die übrigen Zutaten in die Mitte des Mehls geben. Alles zwischen den Handflächen zerreiben, zusammenkneten und mit Klarsichtfolie bedecken. ◦ Im Kühlschrank 1 Stunde ruhen lassen, bevor der Teig weiterverarbeitet wird.

Himbeerschiffchen

Zutaten für Mürbteig (siehe Mürbteig-Rezept)
Zutaten für 10 TL Crème pâtissière (siehe Crème-pâtissière-Rezept)
Himbeeren ◦ Erdbeeren oder Walderdbeeren ◦ Tortenguss, klar

12 Backformen in Form von Minischiffchen dünn mit Mürbteig auslegen. ◦ Die ausgelegten Förmchen aufeinander stapeln und bei ca. 180 °C im Ofen 10 Min. backen. Durch das Aufeinanderstapeln wird vermieden, dass der Teig aufgeht. ◦ Leicht erkalten lassen und die Schiffchen aus den Förmchen nehmen. ◦ Jedes Förmchen mit 1 TL Crème pâtissière füllen und mit Himbeeren, Erdbeeren (oder anderen Früchten) belegen. Anschließend mit Tortenguss glacieren.
Eventuell noch mit 1 Minzeblättchen verzieren.

Douce

Crème pâtissière

170 ml Milch ◦ 1 Vanilleschote ◦ 2 Eigelb ◦ 50 g Zucker ◦ 13 g Speisestärke
1 Prise Salz ◦ 1 TL Butter ◦ 1 cl Grand Marnier ◦ 1 EL Sahne

Milch und Mark der Vanilleschote mit Eigelb, Zucker, Speisestärke und Salz in einer Kasserolle unter ständigem Rühren zum Kochen bringen. Sofort vom Feuer nehmen. ◦ 1 Butterflocke dazugeben, in eine kalte Schüssel geben und am besten auf Eis kalt rühren. ◦ Anschließend 1 cl Grand Marnier einrühren und vor Gebrauch 1 EL geschlagene Sahne unterheben.

Profiteroles

125 ml Milch ◦ 55 g Butter ◦ 1 TL Zucker ◦ 1 Prise Salz
70 g Mehl ◦ 2 Eier ◦ Puderzucker
Zutaten für Crème pâtissière zum Füllen (siehe Crème-pâtissière-Rezept)
100 g geschmolzene Schokolade
oder 100 g geschmolzenes Fondant (Zuckerglasur)

Milch, Butter, Zucker und Salz in einer Kasserolle zum Kochen bringen. ◦ Das gesiebte Mehl auf einmal dazugeben und auf dem Feuer mit dem Holzlöffel „abbrennen", d. h. so lange rühren, bis sich der Teig vom Boden löst. ◦ Zur Seite stellen und leicht abkühlen lassen. ◦ Die 2 Eier, eines nach dem anderen, in den Teig rühren.
Den Teig in einen Patisserie-Spritzbeutel mit einer runden Tülle von ca. 1 cm Durchmesser füllen und auf ein mit Backpapier ausgelegtes Backblech kleine Krapfen spritzen. ◦ Mit einer in Wasser getauchten Gabel etwas andrücken, mit Puderzucker leicht bestäuben und bei etwa 180 °C ca. 10 Min. backen.

Die Crème pâtissière in einen Spritzbeutel mit ganz dünner Tülle füllen. Die Tülle auf der Seite der Profiteroles einstecken und mit leichtem Druck füllen. ◦ Etwas geschmolzenes Fondant auf die flache Seite der Profiteroles streichen oder in geschmolzene Schokolade tauchen.

Schokoladentrüffel „Schwarzwälder Kaffee-Kirsch"

350 g Bitterschokolade ◦ 125 g Butter ◦ 100 g Puderzucker
4 TL Instant Kaffee ◦ 50 g Kirschwasser (60%)
150 g Kakaopulver extra brut

Die Schokolade im Wasserbad schmelzen. ◦ Die Butter und den Zucker schaumig rühren. ◦ Die Schokolade leicht abkühlen lassen und mit dem Schneebesen in die schaumige, kalte Butter rühren. ◦ Das Kaffeepulver und am Schluss das Kirschwasser zugeben, gut durchrühren und kalt stellen. ◦ Wenn die Masse noch nicht ganz fest ist, kleine Kugeln formen, im Kakaopulver wälzen und kalt stellen.

Hans-Paul Steiner

1942	Am 20. Mai in Stuttgart geboren, aufgewachsen in Haubersbronn bei Schorndorf
1959–62	Lehre im „Hotel Restaurant Ratskeller", Freudenstadt
1962	Commis im Restaurant der „Schwedenschenke", Insel Mainau Mithilfe in der gräflichen Schlossküche
1962/63	Konditorvolontär im „Café Sommer", Stuttgart
1963	Wintersaison im „Hotel Beau Sejour", Chateau d'Oex (Schweiz)
1964	Chef rotisseur bei der Expo National Suisse, Lausanne
1964/65	Souschef im „Hotel Metropol", Basel
1965	Saucier im „Hotel Hilton", London
1966/67	Chef garde-manager im „Hotel Lancaster", Paris
1967	Heirat in Paris
1967	Souschef im „Hotel Kurhaus Passugg", Graubünden
1970	Küchenchef im „Restaurant Traube", Stuttgart-Plieningen, 1. Michelin-Stern
1971	Geburt der Tochter Douce (heute Küchenmeisterin)
1975	Küchenchef im „Hotel am Schlossgarten", Stuttgart
1976	Küchenchef im Schlosshotel Solitude
1980	Kauf des „Hotels Restaurants Hirschen", Sulzburg
1981	Erster Michelin-Stern
1995	Zweiter Michelin-Stern

Autor: Hans-Paul Steiner, Sulzburg
Umschlaggestaltung und Layout: NeufferDesign©, Freiburg
Fotos: Achim Käflein, Freiburg
Satz: Hampp Verlag, Stuttgart
Repro: Bild und Text GmbH Baun, Stuttgart
Druck: Ernst Uhl GmbH & Co. KG, Radolfzell am Bodensee
Gesamtherstellung und Produktion: Hampp Verlag GmbH, Stuttgart

Printed in Germany – Gedruckt auf chlorfrei gebleichtem Papier

ISBN 3-930723-86-7